教育与减贫：

武陵山国家集中连片特困地区教育扶贫绩效评价

田 宇 刘兆阳 郑雁玲 李 琼 著

科 学 出 版 社

北 京

内 容 简 介

本书立足我国脱贫攻坚时代背景，聚焦武陵山国家集中连片特困地区教育扶贫绩效评价问题，从解析武陵山国家集中连片特困地区教育扶贫的经济社会现实出发，运用空间经济学和地理科学的理论与方法，对武陵山国家集中连片特困地区的教育发展状况、教育扶贫政策发展历程、教育扶贫内涵、教育扶贫效应、教育扶贫时空分布等进行系统梳理和全面分析，从历史和现实多个维度呈现武陵山国家集中连片特困地区教育扶贫取得的成效及独特经验。

本书既可为从事教育研究理论的工作者提供重要参考，也可为教育经济与管理专业的学生提供课程阅读材料，还可为政府部门及社会团体建立健全教育扶贫相关政策、法规与规范提供有益借鉴。

图书在版编目（CIP）数据

教育与减贫：武陵山国家集中连片特困地区教育扶贫绩效评价 / 田宇等著. —北京：科学出版社，2020.6

ISBN 978-7-03-059121-0

Ⅰ. ①教…　Ⅱ. ①田…　Ⅲ. ①贫困区－教育－扶贫－研究－中国　Ⅳ. ①G52

中国版本图书馆 CIP 数据核字（2018）第 240131 号

责任编辑：郝　悦 / 责任校对：贾伟娟
责任印制：张　伟 / 封面设计：无极书装

科学出版社出版

北京东黄城根北街 16 号
邮政编码：100717
http：//www.sciencep.com

北京盛通商印快线网络科技有限公司 印刷

科学出版社发行　各地新华书店经销

*

2020 年 6 月第　一　版　开本：720 × 1000　1/16
2020 年 6 月第一次印刷　印张：10　插页：2
字数：220 000

定价：92.00 元

（如有印装质量问题，我社负责调换）

前　言

贫困问题的广泛特征和顽固特质及其深远的社会影响，使贫困问题成为社会各界普遍关注的重要主题。学术界长期以来都试图阐明贫困的本质、形成的原因并提出高效的减贫和脱贫对策，特别是伴随学科专业化的发展，不同学科都提出了关于贫困的理解。美国的经济学家在研究贫困阶层长期性贫困的过程中发现，贫困家庭和贫困社区存在贫困的代际传承现象，并提出贫困代际传递的概念。贫困代际传递指贫困及导致贫困的相关条件和因素，在家庭内部由父母传递给子女，使子女在成年后重复父母的境遇。阿马蒂亚·森认为，教育的缺失是比收入贫困更深层次的贫困，它直接引发了贫困代际传递。由此，教育学也深度地介入了贫困问题研究。

尽管教育扶贫逐渐成为众多学者的主要研究阵地，研究不仅涵盖教育扶贫的内涵、功能、模式等方面，也对教育扶贫过程中出现的问题进行了多角度剖析，并提出了相应的解决对策，但是教育扶贫的研究力度和深度都亟须新的视角予以补充。

本书研究对象选取新颖，以湖南、湖北、重庆、贵州交界的 11 个地（市、州）、71 个县（区、市），集革命老区、民族地区、贫困地区于一体的我国 14 个集中连片特困地区之一——武陵山国家集中连片特困地区（简称武陵山片区）为研究对象，创新性地开展了深度贫困地区教育扶贫绩效评价的研究，是我国第一部立足国家集中连片特困地区的教育扶贫研究专著。武陵山片区作为我国第一个扶贫攻坚先行先试区，教育扶贫实施效果的好坏，不仅能折射出武陵山片区贫困人口的教育公平权和扶贫资金的使用绩效问题，还能折射出我国深度贫困地区的教育扶贫状况，为我国制定更为精准的扶贫政策提供很好的样本。

本书研究方法新颖，采用空间经济学和地理科学 GIS 技术分析武陵山片区教育扶贫的溢出性与驱动机制，突破了传统单学科的研究范式，实现了多学科、多方法的有机结合。本书在系统梳理武陵山片区社会经济发展状况的基础上，全面分析武陵山片区不同学段教育取得的成效，通过进行教育与减贫协调发展的全局自相关和局域自相关的研究，建立耦合度及耦合协调度模型，从时间和空间两个维度研究教育与减贫之间的关系，分析其蕴含的规律，为武陵山片区乃至全国集中连片特困地区的脱贫攻坚提供相关政策和建议，契合当前有关部门了解和把握武陵山片区教育扶贫实施效果的迫切需求，回答武陵山片区教育扶贫干得好不好的问题，并提出针对性的对策建议，为深入推进武陵山片区可持性教育扶贫工作提供理论依据。可以说，本书顺应了时代和实践的要求，找准了问题的关键。

本书是全国教育科学“十三五”规划 2017 年度单位资助教育部规划课题（FFB170634）阶段性成果，受中山大学中国企业管理创新科研平台、中山大学工商管理品牌专业建设项目资助。全书共八章，是课题组集体智慧的结晶。第一章和第四章由吉首大学/中山大学田宇完成；第二章、第三章和第五章由吉首大学李琼完成；第六章和第七章由吉首大学刘兆阳完成；第八章由桂林航天工业学院郑雁玲完成。湖南省教育科学研究院李小球，吉首大学丁建军、许建、张怀英、张诗瑶对本书提出了诸多建设性意见。全书由田宇统筹、定稿。

由于作者水平有限，书中难免存在不足之处，恳请各位读者批评指正。

作　者

2018 年 7 月

目　录

第一章　贫困研究的多学科差异、融合与集成创新……1
第一节　贫困研究的学科差异……2
第二节　贫困研究的跨学科比较与融合……8
第三节　集成创新探索与综合贫困分析框架的再建构想……12
第四节　结论与展望……18
第二章　教育扶贫文献回顾……20
第一节　国外相关研究……21
第二节　国内相关研究……23
第三章　武陵山片区经济发展分析……27
第一节　湖南片区经济发展分析……27
第二节　重庆片区经济发展分析……38
第三节　湖北片区经济发展分析……47
第四节　贵州片区经济发展分析……53
第四章　武陵山片区多维贫困度量及其空间表征……66
第一节　多维贫困的理论演化……67
第二节　研究区概况、数据来源与研究方法……68
第三节　测算结果与分析……72
第四节　结论与建议……77
第五章　武陵山片区教育发展状况……80
第一节　高等教育……80
第二节　中等教育……90
第三节　普通小学教育……102
第六章　武陵山片区教育扶贫时空差异分析……112
第一节　数据来源及处理……112
第二节　指标体系构建……114
第三节　模型建立……115
第四节　模型结果分析……117
第七章　武陵山片区教育扶贫协调发展的空间自相关分析……126
第一节　理论框架与研究方法……126

第二节　模型建立与结果分析 ………………………………………………… 128
第三节　结论 ………………………………………………………………… 133
第八章　武陵山片区教育扶贫政策 ………………………………………… 136
第一节　湖南片区 …………………………………………………………… 136
第二节　贵州片区 …………………………………………………………… 140
第三节　重庆片区 …………………………………………………………… 144
第四节　湖北片区 …………………………………………………………… 146
第五节　结论 ………………………………………………………………… 149
参考文献 …………………………………………………………………… 151
彩图

第一章　贫困研究的多学科差异、融合与集成创新

人类社会发展至今，贫困问题仍然是世界面临的最严峻的挑战之一。世界银行（World Bank）发布的数据显示，2010 年，全球约有 12 亿人口处于极度贫困状态，每天的生活费不足 1.25 美元。2015 年，联合国发布的《千年发展目标报告》显示，生活在极端贫困中的人数从 1990 年的 19 亿人降至 2015 年的 8.36 亿人，其中大多数减贫进展是在 2000 年之后取得的。尽管全球总体上实现了“联合国千年发展目标”的减贫目标，但从区域来看，减贫进展并不平衡。全球的贫困主要发生在发展中国家和地区，其中 90%的贫困人口集中在南亚、撒哈拉以南非洲、中国和拉丁美洲。2016 年，联合国贸易和发展会议（United Nations Conference on Trade and Development，UNCTAD）发布《发展与全球化：事实与数据》年度报告，认为近几十年来，虽然人类在全球减贫方面取得了显著成就，中国和印度等亚洲国家表现突出，但全球仍有 8 亿多人生活在极端贫困中。同时，《发展与全球化：事实与数据》年度报告认为虽然极端贫困人口数量在世界范围内大幅度下降，但脱贫步伐在不同国家和区域内并不平衡，目前极端贫困人口主要集中在撒哈拉以南非洲及西亚等区域，生活在这一区域的 80%的人口每天仍然以不足 1.25 美元的生活费维持生存。

自改革开放以来，我国政府主导的大规模开发式扶贫战略成效显著，走出了一条广受世界赞誉的“中国式扶贫”道路，贫困人口大幅度减少，1978～2014 年累计减贫超过 7 亿人。但从我国目前的贫困形势来看，扶贫开发依旧是全面建成小康社会最突出的短板。截至 2017 年底，全国共有 14 个集中连片特困地区，592 个国家扶贫开发工作重点县，12.8 万个贫困村，2948.5 万贫困户，4000 多万贫困居民。贫困居民超过 500 万人的有 6 个省（自治区、直辖市），其中贵州达 623 万人；贫困发生率超过 15%的有 5 个省（自治区、直辖市），其中西藏高达 23.7%。全国还有 7.7 万个建档立卡的贫困村不通客运班车，83.5 万个自然村中不通沥青（水泥）路的自然村达 33 万个。贫困居民受教育程度低、健康水平低的“两低”现象比较普遍。因病致贫、因学致贫现象突出。

第一节　贫困研究的学科差异

一、贫困的经济学研究

经济学的奠基人亚当·斯密在《国富论》和《道德情操论》中开启了经济学研究贫困问题的先河。200 多年以来，伴随经济学理论的发展，贫困的经济学研究也不断呈现出新的研究成果。

贫困的经济学研究主要有四大学派。一是古典经济学和新古典经济学学派，他们从个体行为特性、决策与福利制度等角度研究贫困，主要涉及货币论、资产和金融（收入）风险论、人力资本理论等方面。二是新凯恩斯主义和新自由主义学派，他们关注资本和公共品供给、失业等相对宏观的贫困影响因素，认为减贫过程中资本的形成十分重要，而资本的形成又与经济增长和公共品供给相关，贫富差距、社会不平等需要通过再分配和社会保障措施加以干预。三是马克思主义和激进主义学派，他们关注市场失灵及市场之外的社会和政治因素的致贫效应，主要涉及最低工资、二元劳动市场、歧视和阶层等，认为资本主义固有的缺陷、阶级压迫、种族歧视、社会排斥等导致了贫困，减贫的出路在于社会变革与制度完善。四是社会经济学派，他们认识到社会结构特征和特定群体的处境对理解贫困的重要性，主张社会排斥和社会资本对贫困的影响，认为社会排斥和社会资本理论更加关注对贫困内生过程与动态的理解，如剥夺的上升与持续等，而不是只描述贫困的特征。

贫困的经济学研究关注两大问题。一是贫困者自身是否要对他们当前贫困处境负责；二是贫困者是否参与或被排斥于特定的社会生活之外。对第一个问题持肯定答案的为古典经济学和新古典经济学学派，他们将贫困归因于贫困者自身；对第一个问题持否定答案的为马克思主义和激进主义学派，他们认为贫困者是经济系统内在缺陷的牺牲者；而新凯恩斯主义和新自由主义学派及社会经济学派则对第一个问题的态度相对中立，他们认为贫困是自身素质和外部环境共同作用的结果。对第二个问题的回答中，认同社会排斥并强调社区、群体与阶层作为研究焦点的是社会经济学派及马克思主义和激进主义学派，而古典经济学和新古典经济学学派、新凯恩斯主义和新自由主义学派认同个体主义为中心，几乎不涉及社会排斥。此外，各学派在政府的减贫政策主张方面也存在差异。马克思主义和激进主义学派及新凯恩斯主义和新自由主义学派主张偏向诸如提供公共物品、建立最低工资制度和反歧视法律等公共政策的实施，而古典经济学和新古典经济学学派则主张偏向限制国家在纠正激励与市场失灵中的作用。类似地，在再分配制度方面，各学派之间也存在分歧，新凯恩斯主义和新自由主义学派及马克思主义和激进主义学派支持再分配制度，而古典经济学和新古典经济学学派则反对再分配制度。值得注意的是，贫困的经济学研究中除了社会经济学派以外，其他学派仍将贫困理解为单一的物质或经济贫困。

二、贫困的社会学研究

社会学提供了理解贫困者行为及社会环境如何影响贫困者行为的相关概念框架，并且重点关注社会力量、文化团体、结构系统、价值观、信念及个人抱负之间的互动关系。贫困的社会学研究主要涉及社会分层、社会资本缺失、文化和价值规范及社会政策四个方面。

社会分层方面，研究认为贫困由社会经济发展产生的社会隔离所致，试图解释社会及其内部各系统是如何使一部分人陷入贫困的。例如，哈林顿在《另类美国》中将贫困描绘为“一种生活方式”，凯因的“空间错配理论”将贫困归因为社会压制与结构性力量。威尔逊则提出“下层阶级”的概念，认为犯罪、非法行为及单亲家庭等上升的现象是社会系统的产物，而不一定是由社会习俗和价值观念所致。

社会资本缺失方面，研究重点考察的是代际资源、社会资本及社会网络等对家庭和社区贫困形成的影响，并为家庭和社区如何经历贫困提供了更全面地分析。例如，劳瑞发现家庭贫困显著地限制了获取教育和其他资源的社会流动性，因而贫困是来自收入不平等和再分配福利系统缺失的结果。还有一些社会学家则在社会孤立、社会阻隔等概念的基础上，分析人力资本和社会资本缺失对代际贫困的影响。

文化和价值规范方面，社会学家关注持久的资源缺失对居民行为、社会习俗和个人抱负的影响及文化、价值观和抱负是如何决定个体社会行为进而使其陷入贫困的。罗德曼提出“下层阶级价值延伸”假说，认为下层阶级虽与中上层阶级有着相同的抱负，但下层阶级必须延伸他们的价值观以与他们在经济和社会剥夺的情境下相匹配。古尔德则提出了“理性适应”框架。尽管这些理论并没有拓展到更宏观的结构决定因素或者社会分层、经济阶层的创建，但为贫困者为什么会持久贫困提供了一种社会学解释。

社会政策方面，社会政策的作用及其负面效应也是社会学贫困研究的重要议题。玛瑞认为贫困是社会政策导致的“激励失败”，若给贫困者提供福利，他们将不愿意工作。皮文和克洛沃德则主要关注与贫困相关的治理政策和社会趋势，而不讨论贫困者的道德缺陷、道德风险问题。

此外，贫困的社会学研究还涉及女性贫困、少数群体贫困、农村和郊区贫困等。总体而言，社会学认为贫困是多种因素作用的结果，如政府政策、经济和地理变化、种族主义、居住隔离、社会资本缺失、文化价值和个人抱负等，这些变量中的任何一个都代表了一种具体的理论，而将它们作为作用于不同系统层面的理论组合可以更好地理解贫困。

三、贫困的心理学研究

贫困的心理学研究大致经历了三个阶段。第一阶段，20 世纪 80 年代以前，重视个体或群体角色在解释贫困成因及影响方面的作用；第二阶段，1980～2000 年，开始考虑影响贫困的结构和社会因素，并同时重视人类行为和社会环境对贫困的影响；第三阶段，进入 21 世纪后，重点关注社会因素的影响与贫困者行为的反作用及这种互动关系如何被贫困情境加剧。

第一阶段，心理学文献基于个体和群体的角度阐释贫困的成因与贫困的影响，不涉及影响贫困者的更宏观层面的社会和结构因素。在贫困成因方面，将贫困归因于贫困者自身的缺陷，如劣势基因、“成就需求”缺失、固有的精神疾病、灾难性的道德问题及不健康的童年带来的内在自我冲突等。而在贫困影响方面，贫困导致心理疾病被广为接受。

第二阶段，贫困的病理学观点遭到批判，影响贫困的结构和社会因素受到关注。“成就需求”缺失、个体归因论被认为过分地指责贫困者自身而不考虑外部因素的影响是不公平的。心理学家开始回归贫困文化论，认为文明进程本身不可避免地产生两类文化，一类是富裕文化，另一类是贫困文化。他们拒绝纯粹基于心理学的贫困研究，但也不否定心理学的作用，认为如果将心理学理论用于描述人的心理过程及与这种心理过程的偏差如何产生贫困，有助于对贫困的理解。

第三阶段，心理学家从社会环境对人类行为的影响及人类行为与环境的互动关系来理解贫困。他们将贫困归因于社会环境的各个方面，同时考虑贫困对行为和环境的影响。例如，莫雷拉主张西方文明中物质贪婪的全球化传播应对“物质主义贫困”等的产生负责。凯尔等则认为世界银行提出的由安全、权利和机会缺失组成的“三支柱理论”应成为心理学家进行贫困研究与干预的理论基础。

事实上，心理学关于贫困研究主要有两个切入点和三条路径。其中，两个切入点分别是个体行为和社会环境，前者将贫困归因于贫困者的内在缺陷，后者则在更广的结构因素层面找原因。三条路径分别是个体行为与贫困的相互关系、社会环境与贫困的相互作用及相互作用的个体行为和社会环境与贫困的相互影响。第三条路径越来越受到重视，2000 年美国心理学家协会（American Psychological Association，APA）发布的《关于贫困的决议》（*Resolution on Poverty*）呼吁心理学家更多地关注社会环境及人类行为的相互作用对贫困的影响。《2015 年世界发展报告：思维、社会与行为》关注贫困情境如何影响个体行为和社会环境的互动，指出贫困情境对决策制定过程中认知资源的损耗导致了贫困者短视、缺乏抱负及对机会不敏感。

四、贫困的人类学研究

人类学对贫困的研究始于刘易斯的贫困文化论。在《五个家庭：墨西哥贫困文化案例研究》中，刘易斯运用民族志方法生动地呈现了五个墨西哥贫困家庭的经历，并提出了“贫困文化论”的概念，进而将其理论化。贫困文化论引起了人们的广泛争议，支持者被称为贫困文化学派，他们将贫困归因为个人的特征，认为贫困者有偏离于主流社会习俗的独特行为方式，这些行为方式会代代相传，最终形成贫困文化。而反对者，如阶级贫困学派则认为我们所看到的贫困者行为是贫困者适应贫困环境的选择，是他们处于不利的社会、政治和经济结构时出现的自然反应，并不是贫困者有着不一样的价值观所致。尽管存在上述争议，刘易斯提出的贫困文化论对人类学家关于贫困的看法有着深远的影响。

进入 21 世纪以后，超越孤立的文化、引入全球化视角成为贫困人类学研究的重要发展方向。例如，在全球化的社会环境下分析个人和地区层面健康状况与贫困之间的循环关系，评估社会政策、意识形态和政治力量之间的互动对贫困个体经历的影响，探讨全球劳动力供给对地方就业影响的途径以及性别文化信念等对贫困个体和社区的影响等。纽伦和佩斯查理发现引入全球化有助于增强对全球不平等、贫困和健康恶化的理解，并认为人类学能提供解释全球化对特定文化和社区影响的方法，即通过连接个人经历与地区、全球化进程以阐释贫困的各个方面。此外，“脆弱空间”（space of vulnerability）下的生存与生活、文化物质主义、女性主义、新经济形态以及福利系统对当前贫困水平的影响，脆弱性和逆境下的恢复力、去工业化与福利削减等对无家可归这种极端贫困者增加的影响等也是当前人类学贫困研究的重要主题。例如，冈沃纳德分析了妇女贫困与性别歧视的脆弱性相关度高于妇女贫困与经济活动相关度的原因，指出由于种族、性别和阶层的交互影响，处于相同经济机会的妇女更容易陷入贫困。

人类学关于贫困问题的研究不同于其他社会科学，其观点植根于跨文化的比较视角以及地方文化的分析，通过运用民族志、叙事分析和参与观察等研究方法构建连接全球、地区（社区和文化）与个体经历的分析框架，并生动地讲述特定群体和文化中个人经历的故事。在全球化的背景下，贫困被看作不平等的产物，根源于全球系统对地方情境下个人生活的影响。正如摩根和马斯克维奇所评论的，人类学家通过将全球影响与社区事务连接起来，加深我们对全球化、新经济、福利改革等对贫困者之所以贫困及其个人经历影响的认识，同时，也为降低贫困、收入差异、社会不平等和提升经济安全的相关政策研究拓展了视域。

五、贫困的政治学研究

政治学对贫困的研究开辟了通过政治环境下人类行为分析来理解贫困的通道。贫困研究的切入点包括政府角色、公共管理和人权；贫困成因包括文化和阶级结构的影响；贫困干预涉及政府作用、反贫困政策、政治参与和公正分配，其中选举和其他形式的政治参与代表一种重要的权力来源，是贫困者影响政府对其需求做出反应，进而改善其社会环境的主要方式。此外，贫困的政治学研究呈现出与经济学、社会学和宗教学融合的趋势，形成政治经济、社会政治与政治宗教三个交叉的贫困研究领域。

政治学对贫困成因的解释有两个方面，一是"非伦理家庭主义"（amoral familism）；二是新马克思主义阶级理论。前者认为该文化群体的人因没有追求除核心家庭最直接的物质利益之外目标的能力，阻碍了其参与政治团体和企业创建，进而陷入贫困。后者则认为在后工业化时代，下层阶级几乎没有渠道获取政治权力，他们被排除在教育、住房等资源之外，承受着上层阶级的压迫，贫困依然是阶层结构、经济压迫的产物。在贫困与公共政策制定方面，政党政治在反贫困立法中发挥着关键的作用。政策制定者倾向于满足那些在竞选中给予金融支持的人的需求，贫困者由于缺少游说和获取特别权限的相同机会，很难让政策制定者制定和实施足够的反贫困政策。在政治参与方面，虽然政治参与被认为是公民的一项基本权利，但政治学家发现贫困者在诸如选举、抗议或与民选官员的联系中都很少参与。雅各布斯和斯克波尔总结了贫困者政治参与率低的原因，如贫困者在政治参与中缺乏很好的组织以及维护他们自尊的参与程序等。

贫困的政治学研究呈现出以下三个发展方向，一是政治经济方向，如迈克尔·波特关于城市贫困区的研究；二是社会政治方向，如罗伯特·普特南关于社会资本的观点；三是政治宗教方向，如迪安和约翰·迪路立尔关于宗教组织的研究工作。迈克尔·波特发现，政府直接补贴和引导的商业运营未能为城镇贫困地区提供稳定的就业与促进经济发展，因而政府应关注间接干预，如提供基本的公共安全、创建就业培训项目、犯罪预防和实施反歧视法等。罗伯特·普特南发现，社会资本与政治参与相关，政治参与率下降是社会资本下降造成的，如果贫困者社区努力重建社会资本，这将增强贫困者的政治参与并极大地改善贫困者的生活。迪安和约翰·迪路立尔发现，宗教组织在降低贫困中起着重要作用，宗教信仰强调个人责任和集体责任的重要性，除了物质支持外，宗教组织对集体责任的信念能促进更公平公正的分配。

六、贫困的地理学研究

贫困的地理学研究关注贫困地区的形成、分布、地理特征及其与环境的关系、消除贫困的措施等。由于地理学研究的综合性和空间性特征，在贫困问题探讨中与其他社会科学有着极强的互补性，并且随着地理信息系统和遥感技术的应用、统计方法的发展以及微观贫困数据的累积，地理学在贫困研究中的价值和地位越来越凸显。

地理因素对贫困的影响及其作用方式是贫困地理学研究的核心。地理学同时关注第一性地理因素和第二性地理因素对贫困形成的作用机理。第一性地理因素包括地理位置和资源禀赋，地理学家认为地理位置偏远通过影响经济一体化、投资收益、公共设施和服务供给以及政治劣势等导致贫困。资源禀赋引发贫困的途径则有两条：一条是土地等自然资源不足、资源结构不合理、生态脆弱等导致的贫困；另一条是资金缺乏，交通、通信、能源等基础设施滞后，自然资源开发利用不足等导致的贫困。“制度转向”和“文化转向”之后，地理学越来越重视第二性地理因素（社会制度和公共设施）对贫困的影响。地理学家认为社会文化距离（如语言障碍或文化差异）、社会资本、种族和收入差距、地方政治竞争等社会制度“失灵”对贫困发生有着重要影响，甚至比第一性地理因素影响更大。同时，公共设施也是解释空间发展不平衡的一个重要变量，政府在交通设施、教育和医疗卫生设施、通信服务设施、生产设施等基础设施和公共服务方面的支出很大程度上决定着贫困与生活水平的地理分布。

空间贫困陷阱（spatial poverty traps）理论是地理学关于贫困研究的重要贡献。黛蒙将空间贫困陷阱定义为具体区位特征或过高的迁移成本而导致贫困持久存在的状态。伯德等则将空间贫困陷阱定义为地理资本（geographic capital）存量低、贫困发生率高的地区，其中，地理资本包括物质资本、自然资本、社会资本、政治资本和人力资本等。大量实证研究则证实了空间贫困陷阱的存在，并发现空间贫困陷阱多分布在地理位置偏远、生态环境恶劣、基础设施和公共服务供给不足及政治上处于不利的地区。此外，贫困空间分布与地理制图是贫困地理学研究的特色。一方面，基于地理学关注空间和地理制图的优势，地理学家研究贫困的地理分布规律与特征，并以地图的形式直观地展示贫困的空间特征；另一方面，贫困地图对完善贫困状况信息、识别贫困的地理因素以及提高政策干预的瞄准精度都有十分重要的帮助。

贫困的地理学研究呈现出以下发展趋势，一是由关注宏观层面贫困陷阱的形成机理和低水平均衡向微观、中观和宏观多尺度相结合的多重动态平衡、相互传导机制研究转变；二是越来越重视微观个体数据、微观单元尺度的分析、贫困地理演变规律和贫困空间模拟与分异分析；三是越来越重视地理因素和贫困耦合关系、贫困的区域瞄准、贫困政策评估和贫困综合治理方案的设计等内容的研究。

第二节　贫困研究的跨学科比较与融合

贫困是一种复杂的社会现象，社会科学各学科对贫困问题都有涉猎，除了前文所概述的经济学、社会学、心理学、人类学、政治学和地理学对贫困的研究外，管理学、历史学等对贫困问题也有论述，如管理学中关于贫困地区企业家精神和创业孵化园培育、低收入群体创业模式研究等。这表明贫困研究的多学科化仍在加强，各学科应充分挖掘本学科在贫困研究特定维度上的独特优势，使贫困研究不断拓展和深化。同时各学科也应逐渐认识到自身在解释贫困这一复杂社会现象时所面临的局限，突破学科界限，与邻近学科交叉融合也成为贫困研究的重要方向，事实上也取得了不少成果。

一、贫困研究的跨学科比较

表 1-1 从研究维度、研究思路、研究方法、研究优势、研究不足、研究趋势、干预主张以及代表性理论八个方面对六个贫困研究的主要学科进行了全面的对比分析。通过对比不难发现以下特点。

表 1-1　贫困研究的跨学科比较

方面	经济学	社会学	心理学	人类学	政治学	地理学
研究维度	经济维度贫困、制度贫困（无产阶级贫困化）	社会排斥等贫困的社会属性维度	贫困成因及影响的心理认知行为	社会环境与他人互动下贫困者的个体经历	贫困的权利缺失及反贫困政策制定过程	贫困的空间分布、成因及治理
研究思路	从微观个体决策与宏观经济发展（含生产关系分析和阶级分析）两个层面加以分析	从社会分层、社会资本、文化价值观、社会政策等层面分析社会环境对贫困的影响	从个体行为、社会环境与贫困情境的相互作用加以阐释	通过描述特定情境下个体经历再现贫困的形成及影响	从政府、公共管理和人权视角切入分析贫困成因与反贫困政策	从空间视角解读贫困，阐释贫困的空间属性、特征与规律
研究方法	数理模型、实证分析、历史唯物主义分析、抽象法	规范分析、观察调查	归因分析、实验对比、观察调查	参与观察、跨文化比较、民族志	规范分析、制度分析	比较、综合分析及地理制图

续表

方面	经济学	社会学	心理学	人类学	政治学	地理学
研究优势	精确界定、定量测度与评估、历史和逻辑相统一	跨学科性较强，能包容其他社会科学的研究成果	贫困主体认知行为与贫困关系的深度分析	生动形象地描述贫困者个体经历	政治系统下反贫困政策制定的行为分析	强调直观可视性和差异性，综合性较强
研究不足	忽视非物质维度贫困、理性人假设的局限、过于抽象化	贫困界定相对模糊，定量研究难度大	贫困归因测量方法和经验研究的制约	理论抽象与一般性理论分析不够	未形成综合的贫困理论	理论提升与一般化不够
研究趋势	与社会学、政治学等学科融合，日渐关注非物质维度贫困	借鉴其他社会科学成果，建立和完善多层级的社会学贫困研究框架	社会因素与贫困者行为互动关系如何被贫困情境加剧	连接全球、地区（社区和文化）与个体经历的分析	与经济学、社会学和宗教学融合的趋势	多学科融合与多尺度相结合的动态演化分析
干预主张	利贫性增长、包容性增长、制度变革	建立全面的社会帮扶体系，突出正向激励、规避负向影响	扶贫干预措施要避免与贫困者决策认知行为相冲突	以全球化视野针对特定社区和文化群体实施干预	提升贫困者的政治参与	面向特定区域的综合贫困治理方案
代表性理论	古典经济学和新古典经济学学派、新凯恩斯主义和新自由主义学派、马克思主义和激进主义学派、社会经济学派都有重要成果	社会阶层论、社会资本缺失论、社会排斥论	贫困自我归因论（如成就需求缺失论）、物质主义综合征、“认知税”	贫困文化论、女性主义和文化物质主义	阶层结构论、“非伦理家庭主义”文化论	“地理资本”与“空间贫困陷阱”论

一是各学科都围绕贫困的内涵界定、贫困测度、贫困成因（影响因素及作用机制）和减贫措施等主题展开研究，但各学科对贫困维度的关注不一样。经济学关注贫困的物质维度（经济贫困），地理学关注贫困的空间属性，社会学和政治学关注贫困主体社会关系和政治权利的剥夺，心理学关注贫困主体的认知行为，人类学则关注贫困个体的生存生活经历。各学科对贫困的关注点不一样，进而引起对贫困内涵、成因理解的差异以及减贫主张的不同。

二是各学科都从个体、环境以及个体与环境的互动关系来解释贫困，但各学科对个体或环境致贫因素的理解存在差异。在个体致贫因素上，经济学关注人力资本和个体决策，心理学关注心理疾病和认知干扰，社会学关注社会资本；在环境致贫因素上，经济学关注宏观经济制度、福利制度等，社会学和政治学关注阶层结构、政治参与，人类学关注全球化及社区文化，地理学则关注第一性地理因素和第二性地理因素。此外，各学科越来越注重从个体与环境的互动过程中识别贫困的形成机制，尽管各自关注的致贫因素互不相同。

三是各学科在强化自身研究优势的同时借鉴其他学科的成果，呈现出明显的交叉融合趋势。这种交叉融合体现在两个层面上，即学科内部不同学派间的融合和跨学科的融合。前者如关注个体决策的古典经济学和新古典经济学学派以及关注宏观影响的社会经济学派、马克思主义和激进主义学派之间的融合；后者如经济学与政治学、社会学的融合，社会学与宗教学的融合等。在上述六个学科中社会学、人类学和地理学的综合性更强，因而在贫困研究的跨学科融合方面优势更明显。不过，经济学的定量研究优势以及心理学对贫困主体认知行为理解的优势不容忽视。

四是各学科研究方法和扶贫干预主张存在较强的互补性。经济学研究方法以数理分析和实证检验等定量研究较强，社会学和人类学则在观察调查、对比分析、个案研究等方面具有优势，心理学则更擅长实验研究，政治学的制度比较分析和政策分析具有优势，而地理学的空间分析和地理制图特色鲜明。这些研究方法具有明显的互补性，综合应用可极大地提升贫困研究的科学性和全面性，增强对贫困问题的理解。此外，各学科的扶贫干预主张也各有所长。经济学、政治学、心理学关于贫困研究的结论受特定情境的影响较小，故政策主张也更具一般性，而地理学、人类学和社会学在贫困研究过程中通常限定特定的研究对象，如特定区域、特定群体，故研究结论更具特殊性和针对性。显然，在扶贫实践中将两者结合起来可以提高扶贫政策的成效。

二、贫困研究的跨学科融合

事实上，贫困研究的跨学科融合已取得了不错的进展，部分成果作为经典的贫困治理理论在扶贫实践中得到广泛应用，如多维贫困分析框架和可持续生计分析框架等。本书以这两类跨学科的贫困研究框架为例，简单评述贫困研究的跨学科融合进展。

（一）多维贫困分析框架

正如前文的研究发现，不同学科关注贫困的维度不同，如经济贫困、权利贫困、社会排斥等。跨学科融合的一种自然延伸便是将不同的贫困维度置于同一分析框架下，这就是多维贫困分析框架，该框架始于阿马蒂亚·森的可行能力理论。阿马蒂亚·森认为可行能力是人们能够做自己想做的事情，过上自己想过的生活的能力，贫困对应的是功能性福利缺失，而功能性福利缺失的背后则是实现功能性福利的基本可行能力的缺失。基本可行能力由一系列功能构成，如免受饥饿、疾病的功能，满足营养需求、接受教育、参与社区社会活动的功能等。作为一个社会人，理应具备包括获得足够的营养、基本的医疗条件、基本的住房保障、一定的受教育机会等基本功能，如果个人或家庭缺少这些功能或者其中的某一项功能，那就意味着处于贫困状态。要正确衡量个体或家庭的贫困程度，就必须从多个功能性维度来考虑个体被剥夺的状况，构建多维贫困测度指数。

阿马蒂亚·森的可行能力理论催生了多维贫困分析框架，而多维贫困测度是多维贫困分析框架的核心。多维贫困测度的基本思路借鉴了经济学的贫困测度方法，各维度贫困测度与收入或支出贫困测度一致，但在各维度贫困加总方面采用了“交”或“并”的方法。“交”的方法认为只有所有的维度都贫困才能识别为贫困者，“并”的方法则认为只要有一个维度贫困都判定为贫困者。显然，前者将低估贫困程度，后者则将高估贫困程度。即便如此，这种思路还是极大地影响了多维贫困测度指数的构建。布吉尼翁和查克拉瓦蒂将FGT贫困指数拓展到多维并提出了一类加总方法，不过考虑到各维度之间的互补与替代关系，此类方法变得相当复杂，很难得到实际应用。阿尔基尔和福斯特则提出了双临界值方法，即首先确定每个维度的贫困线以识别个体在各维度下的贫困状况，然后选择维度贫困的临界值，将有一定数目及以上维度处于贫困状态的个体识别为贫困者。双临界值方法由于相对简单而被广泛接受，特别是依据该原理构建的MPI指数在国际多维贫困测度实践中应用广泛。

然而，相对于基于可行能力的多维贫困本质的公众认同而言，多维贫困分析框架在实践操作过程中面临着诸多争议，尤其是多维贫困测度中维度和指标的选择，以及指标的权重赋值、维度之间不同质或不同量纲的处理、各维度贫困临界值和贫困维度临界值的确定等。此外，多维贫困分析框架在贫困的形成机理以及扶贫干预政策分析等贫困主题方面的研究也相对欠缺，这也制约了多维贫困分析框架在扶贫实践中的应用，未能发挥应有的价值。

（二）可持续生计分析框架

可持续生计分析框架是贫困研究跨学科融合的另一重要成果，与多维贫困分析框架注重多维贫困测度不同，该框架旨在阐释社会和物质环境之间的多维复杂关系及其致贫机理与反贫困干预方案。从这一意义上而言，可持续生计分析框架较多维贫困分析框架的跨学科融合程度更高，对综合贫困治理的指导意义更强。

可持续生计分析框架由一些双边或多边的国际援助机构（如世界银行等）于20世纪90年代后期提出，是理解多种原因引起贫困并给予多种解决方案的集成分析框架，影响较大的主要有联合国开发计划署（United Nations Development Programme，UNDP）、国际关怀组织（Care International）和英国国际发展部（Department for International Development，DFID）分别提出的三种可持续生计分析框架。不过，使用最为广泛的是DFID可持续生计分析框架。DFID可持续生计分析框架揭示了贫困对象（贫困个体或家庭）与外部环境如何在互动过程中产生贫困、应对贫困以及贫困状态反作用于外部环境的循环过程，这一过程中，自然、制度和政策等因素造就了外部环境的脆弱性（对于贫困个体或家庭而言），在脆弱性环境中，贫困对象将动用由政策和制度决定的生计资产，并在对应的政策和制度环境下选择生计策略，进而得到相应的生计输出，生计输出一方面决定了贫困的状态和构成，另一方面反作用于生计资产，影响生计资产的性质和状况。

DFID可持续生计分析框架是贫困个体、家庭或社区指向微观层面的一种减贫思路和行动纲领，同时考虑了环境、经济、社会和制度等多个生计（贫困）维度，以人为中心实施整体性和动态性分析，在微观层面上具有较强的可操作性。特别地，将贫困个体或者贫困家庭对资产禀赋的认识作为行动选择的根本是一种以积极态度审视贫困者的研究方法，强调不要去替代、阻止或者破坏贫困者自己的解决方案，而应采取缓解贫困者生计资产约束的措施，因而，充分尊重了贫困者减贫的主体性作用。此外，DFID可持续生计分析框架还有一个优势，是将反贫困的注意力集中到人类的“结构和过程转变”，认为贫困者的生计资本存量水平越低，脆弱性越高，“结构和过程转变”对于改善贫困者的境况则越重要，从而为减贫政策的制定和扶贫干预指明方向。

不过，DFID可持续生计分析框架也有着自身明显的缺陷：一是DFID可持续生计分析框架主要聚焦于贫困个体、家庭或社区的资产管理能力等微观层面，缺乏对社会制度、社会过程和社会关系以及对国家政策与市场力量等宏观层面的可操作性分析和干预分析，未能真正实现DFID可持续生计分析框架所设想的微观与宏观之间的无缝衔接；二是DFID可持续生计分析框架忽略了政治权利不平等、空间属性以及心理认知等维度的分析，而这些维度对于理解贫困和实施贫困治理同样具有重要的意义；三是DFID可持续生计分析框架更多的是一个行动指南，框架内主要概念之间相互作用机制缺乏系统的梳理和阐释，有必要在理论层面进行更为系统和深入的探讨。

第三节　集成创新探索与综合贫困分析框架的再建构想

随着对贫困问题复杂性认识的不断深入，贫困研究的跨学科综合分析已成大势所趋。虽然可行能力理论和可持续生计分析框架等为理解多维贫困、综合贫困提供了理论基础与行动指南，但对它们的批评也从未间断。特别是自减贫进入攻坚克难的新阶段以来，减贫的难度越来越大，现有综合贫困分析框架需要进一步融合各学科贫困研究的新成果，实现集成创新以适应新时期减贫实践的需要。鉴于中国当前实施的精准扶贫战略及集中连片特困区为主战场的现实背景，将在简要回顾国内贫困研究跨学科集成创新探索的基础上，提出一个新的综合贫困分析框架构想。

一、集成创新的探索

当前国内综合贫困分析框架的集成创新探索大都以阿马蒂亚·森的可行能力理论以及现有的综合贫困分析框架（如可持续生计分析框架、脆弱性分析框架以及社会排斥分析框架）为基础，以相关缺陷的批判为突破口，以提升解释能力和更有效地指导实践为目标，在拆解和组合的基础上加以拓展、集成和创新，这些探索大体上有 4 个方向。

（1）生计方式与可行能力分析框架。该分析框架批评现有的贫困研究大都存在“见人不见其能、见收入不见其来源”的问题，即忽视了贫困人群的生计方式与可行能力的分析。相反，该分析框架认为生计方式与可行能力对于理解贫困和实施有效的减贫干预十分重要。生计方式与可行能力可以看作硬币的两面，生计方式是人们获取生产、生活的物质资源与文化资源的方式，而可行能力是人们获取生产、生活的物质资源与文化资源的能力。可行能力是内在的，生计方式是外显的，可行能力的提高与生计方式的改善相辅相成，生计方式与可行能力的相互作用则是消除贫困的必要路径。具体地，生计资源涉及直接生计资本、直接和间接生计支持系统，可行能力则涉及生活、生产和发展可行能力，生计资源在可行能力的作用下产生生计结果；在生计资源贫乏、可行能力低的情况下，要改善生计结果就必须进行结构和制度转换，转换的重点是大量供给公共产品，以改善生计资源和提高可行能力。总之，该分析框架提供了一条以生计为起点和落脚点，以能力促进为核心，以公共产品供给为重点的减贫路径，并且实现了“见人又见其能、见收入又见其来源”。

（2）多维贫困“行动-结构”分析框架。该分析框架是对贫困研究的两大传统范式——个人主义和结构主义的整合，同时融合了生计、脆弱性、社会排斥三种分析视角的核心观点。以生计资本转化过程及其影响因素为基本架构，该分析框架重点阐释个体性致贫因素与结构性致贫因素的内在关联。其基本逻辑是：在微观行动层面，个体通过自然交换、市场交换和社会交换三种方式实施生计资本转换行为以实现生计资本重构与提升生计福利；在宏观系统与结构层面，相互关联的自然、市场和社会交换子系统的属性及耦合状况决定了区域交换活动的机会、制约因素等交换条件，但也受到国家制度层面“强制性制度变迁供给”的影响；在微观和宏观衔接层面，个体以市场为载体通过生计资本转换行为“嵌入”区域交换系统中，个体的生计资本转换行为受到区域交换系统的制约，但也可以通过变化生计资本组合，应对生计风险或者突破区域交换系统的约束。显然，该分析框架尝试以“嵌入”分析路径来整合个人主义和结构主义两大贫困研究。

（3）脆弱性-抗逆力分析框架。该分析框架认为脆弱性和抗逆力是影响可持续生计的两个重要因素，现有的可持续生计分析框架忽略了抗逆力，同时，脆弱性与生计之间的密切关系也没有得到应有的重视。实际上，生计是脆弱性和贫困相互关联的中间变量，将脆弱性分析框架与可持续生计分析框架结合起来更有利于加深对贫困的理解。其中，脆弱性是指来自自然、市场和社会的各种风险，既有内部的也有外部的，既有微观的也有宏观的，既有历史的也有未来的；抗逆力则是指对 DFID 可持续生计分析框架中“结构和过程转变”核心机制的具象化，包括个体、家庭、社区和政府的抗逆力；生计方式则是指个体在脆弱性和抗逆力共同影响下的一种适应性选择，这种选择是个体对区域环境、政治、经济、社会发展的适应与调适。生计方式将产生贫困或富裕两种生计输出。因而，减贫的核心任务是缓解脆弱性、提升抗逆力，途径则是公共产品的有效供给。

（4）可持续性-脆弱性-社会排斥三维综合分析框架。与前面的三种分析框架不同，该分析框架仍只是一种设想，并没有真正构建起来。社会排斥、脆弱性和可持续生计分析框架本身是三种独立的贫困分析框架，在贫困研究中都有较广泛的应用。然而，这三种分析框架的研究出发点、切入点和侧重点以及适用范围不同。例如，社会排斥分析框架从研究对象所处的环境出发，分析社会结构、社会制度层面的致贫因子，侧重于弱势群体的贫困研究；脆弱性分析框架从研究对象面临的风险出发，分析各种风险带来的贫困，研究对象主要为风险易感人群和高危人群；可持续生计分析框架则从研究对象所拥有的各种资产出发，分析个人、家庭或社区层面的致贫因子。显然，这三种分析框架具有互补性，若将三者整合成一个综合分析框架，将能更有效地和更系统地分析贫困问题。总体思路是：将研究对象的资产禀赋和所面临的结构环境作为出发点，分析在来自社会结构和制度的排斥以及暴露于各种风险情境下的生计选择、实施及输出，进而全面系统地阐释研究对象的贫困状态、致贫原因及其自身应对机制，并提供有效的扶贫干预方案。

二、综合贫困分析框架再建构想

上述跨学科综合贫困分析框架集成创新的探索固然提升了对贫困的综合解释力，不过这些分析框架仍存在缺陷。例如，生计方式与可行能力分析框架虽然抓住了生计方式与可行能力之间的内在关系，并认为两者的相互作用是消除贫困的必要路径，但仍只是基于“人”的微观层面分析，没有摆脱贫困研究的“个人主义”传统范式；多维贫困“行动-结构”分析框架虽然尝试整合“个人主义”和“结构主义”两大贫困研究范式，但仅以“市场交换”嵌入的方式实现微观和宏观层面的衔接难以令人信服，而且这一贫困形成机理尚未阐明；脆弱性-抗逆力分析框架虽然将宏观层面的脆弱性分析与微观层面的可持续生计分析结合起来，并将DFID可持续生计框架中的“结构和过程转变”具象化为“抗逆力”，但又忽视了社会排斥对贫困的影响，并且以“抗逆力”替代“结构和过程转变”也过于简化；可持续性-脆弱性-社会排斥三维综合分析框架虽然认识到了三种分析框架的互补性和整合潜力，但还没有真正加以构建。可见，虽然跨学科融合构建综合贫困分析框架成为贫困研究的重要发展方向，但迄今为止仍没有形成一个相对理想且又被普遍认可潜力的综合分析框架，无法满足当前扶贫“攻坚克难”的需要，特别是精准扶贫实践的需要。

综合贫困分析框架的构建应遵循一定的原则，阿什利和卡内、戈德曼和伊恩早在可持续生计框架构建时就曾论述，综合贫困分析框架要尽可能考虑贫困的所有可能方面，并遵循以人为中心、响应和参与、增强财富创造能力和脆弱性处理能力、整体性、多层次、多方合作、可持续性和动态性八个基本原则。事实上，除了上述基本原则以外，综合贫困分析框架还需要一个自洽的贫困内涵界定，以在一个统一的逻辑框架下阐释贫困的形成机理。已有的多维贫困理论实际上只是指出了贫困有多个维度的表象，即多个维度被剥夺或被排斥，并没有真正抓住贫困的本质；阿马蒂亚·森的可行能力贫困理论虽然将多维缺失上升到“人们能够做自己想做的事情，过上自己想过的生活”的可行能力不足，实现了统一逻辑框架下解释贫困，但却没有摆脱贫困的“个人主义”研究。

从更综合的层面来看，本书认为贫困本质上是人地关系地域系统中三个相互作用的要素——“人”“业”“地”之间不协调、不耦合的状态，其表现则是经济、政治、社会等维度上权利的剥夺和排斥，即多维贫困。显然，这一贫困内涵的界定满足了贫困研究“个人主义”和“结构主义”两大传统范式整合的要求，中观层面的“业”将微观层面的“人”与宏观层面的“地”衔接起来，在理论上为多维综合贫困形成机理的阐释提供了逻辑一致的框架，同时与当前扶贫实践中面向“人”或面向“地”的扶贫政策相对应。可见，基于人地关系地域系统中“人”“业”“地”三要素的贫困内涵界定能为综合贫困分析框架提供理论根基。此外，综合贫困分析框架还有一个非常重要的使命——指导扶贫干预实践，提升贫困治理绩效，因而还应以问题和需求为导向，充分挖掘各学科在贫困问题研究方面的优势，整合各学科已有的重要研究成果，通过集成创新提升综合贫困分析框架的应用性。综上，本书提出“人”-“业”-“地”综合贫困分析框架（图1-1）。

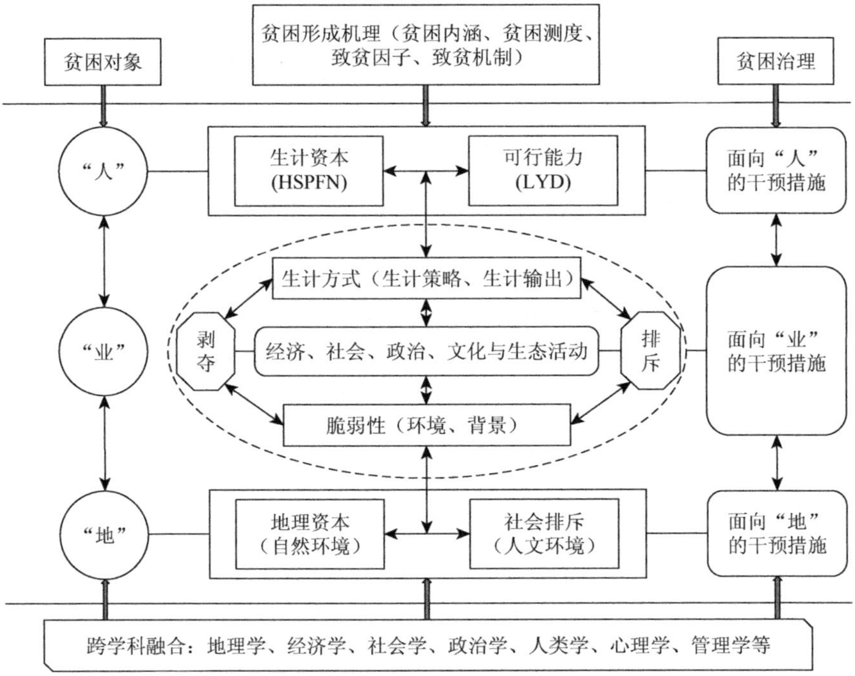

图 1-1　"人"－"业"－"地"综合贫困分析框架

H 为人力资本；S 为社会资本；P 为物质资本；F 为金融资本；N 为自然资本；L 为生活能力；Y 为生产能力；D 为发展能力

"人"－"业"－"地"综合贫困分析框架由"三行三列"构成，其中，"三列"由综合贫困分析的任务组成，即研究尺度（贫困对象）、研究主题（贫困形成机理）和研究对策（贫困治理），贫困形成机理研究涉及贫困内涵、贫困测度、致贫因子以及致贫机制等；"三行"由微观（"人"）、中观（"业"）和宏观（"地"）贫困研究的三个层面组成，"人"和"地"分别对应于贫困研究的"个人主义"和"结构主义"传统范式，"业"则是"人"和"地"的衔接与整合。此外，"人"－"业"－"地"综合贫困分析框架的一个重要"基座"是跨学科融合，即集成地理学、经济学、社会学、政治学、人类学、心理学、管理学等学科在贫困问题研究相应层面、环节的学科优势（如研究方法的优势），以及主要的研究成果。这一"基座"为该分析框架提供源源不断的"养分"，同时各学科贫困研究的新发展都将推进该分析框架的发展，使其具有可持续的贫困解释力和贫困治理实践指导力。

"人"是贫困研究"个人主义"传统范式的阵地，也是"人"－"业"－"地"综合贫困分析框架微观层面贫困研究的对象。在该层面的分析中，借鉴可持续生计分析框架和可行能力理论，将生计资本与可行能力作为贫困个体、家庭甚至社区研究的切入点，前者包括人力资本、社会资本、物质资本、金融资本和自然资本，后者则包括生活能力、生产能力和发展能力。显然，这两者是相互关联的，既可以是正向的相互促进，如可行能力有助于生计资本累积，生计资本又有助于可行能力提升，也可以是负向的循环，即可行能力下降恶化生计资本累积，生计资本累积不足降低可行能力。生计资本与可行能力的相互作用决定了生计方式(生计策略和生计输出)。可见，“人”的贫困本质是生计资本和可行能力缺失及其负向循环累积的结果，贫困表现为生计方式（生计策略和生计输出）的各个侧面。因而，面向“人”的扶贫干预旨在改善生计资本和提升可行能力，使两者走上相互促进的正向循环。

“地”是贫困研究“结构主义”传统范式的阵地，也是“人”-“业”-“地”综合贫困分析框架宏观层面贫困研究的对象。“地”既包括地理自然环境，又包括社会人文环境，类似地，通过借鉴地理资本贫困论和社会排斥分析框架，将地理资本和社会排斥作为宏观区域层面贫困研究的切入点。其中，地理资本同样包括人力资本、社会资本、物质资本、金融资本和自然资本，是个体生计资本在区域层面的加总，社会排斥则包括经济、政治、社会关系、文化和福利等维度的排斥。地理资本与社会排斥也是相互关联的，地理资本充裕有助于减少社会排斥，社会排斥缓解则有助于地理资本累积，这是正向循环；相反，地理资本欠缺加剧社会排斥，社会排斥增强不利于地理资本累积，这是负向循环。地理资本与社会排斥的相互作用决定了区域脆弱性。可见，“地”的贫困本质是地理资本缺失和社会排斥严重及其负向循环累积的结果，区域脆弱性则是“地”的贫困（区域贫困）的外在表现。因而，面向“地”的扶贫干预旨在提升地理资本和降低社会排斥，促进区域包容和持续发展。

“业”是“人”与“地”衔接的基本通道，即“人”与“地”之间通过“业”来关联。“业”层面的贫困分析是“人”-“业”-“地”综合贫困分析框架中非常关键的一环，贫困研究的“个人主义”和“结构主义”传统范式在“业”层面上实现融合。生计方式，经济、社会、政治、文化与生态活动（简称经济等活动），区域脆弱性是三个关键变量。个体以生计方式参与到经济等活动中，经济等活动限制了生计方式的可能形式；区域脆弱性制约着经济等活动，经济等活动也能影响区域脆弱性；经济等活动中经济、社会、政治、文化与生态活动之间又相互影响、相互制约，并共同作用于生计方式和区域脆弱性。在这一复杂的动态关系中，剥夺和排斥是“业”层面上贫困形成的核心机制，如区域脆弱性限制了经济等活动的发展，进而将个体排斥在相关活动之外，使其生计方式与当前文明进程不匹配，经济、政治等维度权利遭受剥夺。可见，“业”的贫困本质是“参与度”低，通常表现为产业发展滞后、社会包容性差、政治透明度和参与度低、贫困文化盛行、生存生活空间受限等。因而，面向“业”的贫困干预应以提升“参与度”为抓手，以项目带动的方式干预经济、社会、政治、文化与生态活动，如产业扶贫、公共服务供给、基层组织建设等。

第四节　结论与展望

贫困的复杂性以及减少贫困的重要意义使贫困研究成为社会科学经久不息的重要研究主题。人们对贫困的认识从“相对较少的收入”和“生活必需品缺乏”的单一经济贫困向多维度与多元化的“权利和机会被剥夺”的人类贫困再向“发展自由缺失”的可行能力贫困转变，贫困研究也从经济学扩展到社会学、人类学、心理学、政治学、地理学以及管理学等学科领域，形成了“个人主义”和“结构主义”两大传统研究范式。然而，各学科对贫困特定维度研究的深化仍无法摆脱“盲人摸象”的局限，集成各学科贫困研究优势的跨学科融合成为贫困研究的新方向。基于可行能力理论与多维贫困理论的脆弱性分析框架、社会排斥分析框架以及可持续生计分析框架是跨学科融合探索的重要成果。不过，这些探索依然受制于“个人主义”或“结构主义”研究，没有实现两者的整合。近年来，国内学者为满足集中连片特困地区扶贫攻坚实践的需要，加快了贫困研究跨学科集成创新的步伐，并提出了生计方式与可行能力、多维贫困“行动-结构”、脆弱性-抗逆力、可持续性-脆弱性-社会排斥等综合性分析框架或构想。这些分析框架进一步加深了人们对贫困的理解，也为贫困治理实践提供了更好的指导。然而，这些分析框架仍存在缺陷，或者继续局限于“个人主义”和“结构主义”研究，或者在两者的整合上不尽如人意。

在全面回顾和比较社会科学中各主要学科的贫困研究差异以及当前跨学科融合研究进展、集成创新探索的基础上，本章提出了“人”-“业”-“地”综合贫困分析框架的构想。该分析框架借助人文地理学中的人地关系地域系统理论，将贫困理解为特定人地关系地域系统中三个相互作用的要素——“人”“业”“地”之间不协调、不耦合的状态，实现了贫困研究“个人主义”和“结构主义”传统范式的整合，使两者在同一逻辑框架下相互补充，同时将各学科的融合与集成作为分析框架“养分”供给的“基座”，及时吸纳各学科的最新研究成果。“人”-“业”-“地”综合贫困分析框架基于“人”“业”“地”三个层面及其相互关系来解释贫困的形成机理，并据此提出面向“人”、面向“业”和面向“地”的扶贫干预措施及综合贫困治理方案。不过，虽然“人”-“业”-“地”综合贫困分析框架是对可持续生计分析框架、可行能力理论、社会排斥分析框架、脆弱性分析框架和地理资本贫困论等现有研究成果的集成创新，但仍然只是一个初步的构想。接下来的研究任务主要有两项，一是在“人”-“业”-“地”综合贫困分析框架下进一步梳理各分析层面的贫困维度、致贫因子、贫困测度、致贫机制、三个层面之间的动态关系和作用路径，并制定三个层面的扶贫干预措施和综合贫困治理整体方案等；二是将“人”-“业”-“地”综合贫困分析框架应用于特定的贫困区域进行实证分析，以检验和完善分析框架。

第二章　教育扶贫文献回顾

美国经济学家在研究贫困阶层长期性贫困的过程中发现，贫困家庭和贫困社区存在贫困的代际传承现象，从而于 20 世纪 60 年代初提出贫困代际传递的概念。贫困代际传递是指贫困及导致贫困的相关条件和因素，在家庭内部由父母传递给子女，使子女在成年后重复父母的境遇——继承父母的贫困和不利因素，并将贫困和不利因素传递给后代的一种恶性遗传链。阿马蒂亚·森认为，教育的缺失是比收入贫困更深层次的贫困，它所引发的传递就是贫困代际传递。联合国教育、科学及文化组织（United Nations Educational Scientific and Cultural Organization，UNESCO）研究表明，不同层次受教育者提高劳动生产率的水平不同，本科高达 300%、初高中为 108%、小学仅为 43%，人均受教育年限与人均 GDP 的相关系数为 0.562。据 2016 年数据显示，贫困程度与学历关系密切，90%的贫困人口为初中以下学历，其中小学、半文盲、文盲的比例超过 50%，远高于全国平均水平。

结合现实来看，自 2011 年新一轮扶贫开发攻坚战以来，在大力度、宽领域、多层次向前推进扶贫实践中，我国教育扶贫工作受到极大关注与重视。2011 年，中共中央 国务院印发《中国农村扶贫开发纲要（2011—2020 年）》，提出“到 2020 年，基本普及学前教育，义务教育水平进一步提高，普及高中阶段教育，加快发展远程继续教育和社区教育”。2013 年，教育部会同多部委联合出台《关于实施教育扶贫工程意见的通知》，对贫困地区教育扶贫工作就经费保障、学生就业、对口支援、人才引进等方面的工作做了全面部署和安排。2014 年，国务院办公厅印发《国家贫困地区儿童发展规划（2014—2020 年）》，提出“实现到 2020 年贫困地区儿童发展整体水平基本达到或接近全国平均水平的目标”。2015 年 6 月 1 日，国务院办公厅印发《乡村教师支持计划（2015—2020 年）》，提出“发展乡村教育，帮助乡村孩子学习成才，阻止贫困现象代际传递，是功在当代、利在千秋的大事。发展乡村教育，教师是关键，必须把乡村教师队伍建设摆在优先发展的战略位置”。2016 年底，教育部等六部门联合印发《教育脱贫攻坚“十三五”规划》，提出“到 2020 年，贫困地区教育总体发展水平显著提升，实现建档立卡等贫困人口教育基本公共服务全覆盖。保障各教育阶段从入学到毕业的全程全部资助，保障贫困家庭孩子都可以上学，不让一个学生因家庭困难而失学”。这些教育扶贫政策，为保证贫困地区教育扶贫的有效推进和开展提供了良好保障。

第一节 国外相关研究

教育扶贫是指对贫困地区的贫困人口进行教育资源投入和资助，使贫困人口掌握脱贫致富的知识和技能，通过提高当地人口的科学素质以促进贫困地区的经济和文化发展，彻底解决贫困问题的一种扶贫方式。国内外有关教育扶贫的研究，是在 20 世纪 60 年代扶贫理论假设下进行的。

一、经济贫困理论

国外教育扶贫思想最早起源于经济学反贫困理论。18 世纪末，英国经济学家马尔萨斯最早提出土地报酬递减理论，认为人口增长速度快于食物供应的增长速度。因此，随时间推移，人口将超过食物的供给量，而食物不足会引起贫困、恶习等现象出现，应当通过限制人口增长和加大资源投入来消除贫困。1943 年，英国发展经济学家罗森斯坦·罗丹的大推进理论，强调了贫困地区摆脱贫困的重要途径在于对国民经济的各个部门同时进行大规模投资。另外，纳克斯（Nurkse）的贫困恶性循环理论指出发展中国家长期贫困的原因，并非国内资源不足，而是因为经济中存在若干互相联系、互相作用的“恶性循环系列”。美国经济学家利本斯坦（Leeibenstein）1957 年提出临界最小努力理论，认为发展中国家要打破“恶性循环”跳出“陷阱”，必须先使投资率足以使国民收入的增长超过人口的增长，从而使人均收入水平得到明显的提高，即以临界最小努力使国民经济摆脱极度贫困的困境。

二、贫困文化理论

1959 年，美国人类学家刘易斯通过对贫困家庭和社区的实际研究，首次在《五个家庭：墨西哥贫穷文化案例研究》中提出贫困文化理论。这一理论认为，在社会中，贫困者因为贫困而在居住等方面具有独特性，并形成独特的生活方式。贫困者独特的生活方式促进了贫困者间的集体互动，从而使其与其他人在社会生活中相对隔离，进而产生一种脱离社会主流文化的贫困亚文化。处于贫困亚文化之中的人有独特的文化观念和生活方式，这种贫困亚文化通过“圈内”交往而得到加强，并且被制度化，进而使处于贫困亚文化之中的人维持着贫困的生活。在这种环境中成长的下一代会自然地习得贫困文化，于是贫困文化世代传递。贫困文化塑造着在贫困中成长的下一代的基本特点和人格，使他们即使遇到摆脱贫困的机会也难以走出贫困。

三、人力资本素质贫困理论

1960年，美国学者舒尔茨提出，经济的发展不是取决于自然资源的丰裕贫瘠或资本存量的多寡，而是取决于人的质量，并认为贫困地区之所以贫困是因为人力资本的缺乏。进而指出，人力资本的形成、经济结构的转型以及经济可持续发展都离不开发展教育事业。具体来说，一是教育能提高人们处理不均衡状态的能力，从而促进经济的增长。人们根据经济条件的变化，重新合理分配自己的财产、劳动及时间等各种资源。舒尔茨称这种"分配能力"为处理不均衡能力。这种能力的取得与提高，来源于教育带来的人力资本作用。这种"分配能力"可以带来"分配效益"，从而促进个人或社会经济增长，增加个人和社会的经济收入。二是教育是使个人收入的社会分配趋于平等的因素。通过教育可以提高人的知识和技能，提高生产能力，从而增加个人收入，使个人薪金结构发生变化。舒尔茨认为，个人收入增长和个人收入差别缩小的根本原因是人们受教育水平普遍提高，是人力资本投资的结果。教育对个人收入的影响主要表现为：首先，工资的差别主要是由所受教育的差别引起的，教育能够提高个人收入的能力，影响个人收入的社会分配，减少收入分配的不平衡状态。其次，教育水平的提高会使因受教育不同而产生的相对收入差别趋于减缓。舒尔茨指出，随着义务教育普及年限的延长，中等和高等教育升学率的提高，社会个人收入不平衡状况将趋于减少。最后，人力资本投资的增加，可以使物力资本投资和财产收入趋于下降，使人们的收入趋于平等化。舒尔茨指出，在国民经济收入中，依靠财产收入的比例已相对下降，依靠劳动收入的比例在相对增加，其中人力资本对经济增长的贡献也随之增加。

除体现在贫困理论中教育扶贫思想外，国外一些学者将教育视为减贫的重要因素之一。例如，Mihai 等（2015）认为贫穷有许多相互关联的原因，不能用一个神奇的公式来消除贫穷，但是可以将教育视为减少高度贫困风险的一个因素，防止下一代人更加贫穷。Cremin（2012）探讨了投资教育促进减贫的益处，以及促进或阻碍教育为减贫做出贡献的条件。除一般性讨论外，更多学者以某一个国家或地区为例，研究教育与减贫之间的关系。Unterhalter 和 North（2017）以肯尼亚和南非为例，讨论了教育在促进两性平等中发挥的作用。Sanz 等（2017）以西班牙为例，说明了高等教育能提高人的发展能力，从而有利于减贫。Wedgwoo（2006）以坦桑尼亚为例，研究教育的经济和非经济回报是否转化为减贫效果，结果表明，以牺牲质量为代价的高小学入学率似乎对平等产生了负面影响。Clive（2002）以非洲为例，分析了教育与减贫之间的政治关系，指出教育在促进民主方面发挥作用。Grimma（2005）使用一个动态的微观模拟模型分析科特迪瓦教育政策的分布效应，分析教育与收入之间的直接影响以及不同的传播渠道，如职业选择和家庭组成。模拟结果表明，即使所考虑的最乐观的政策是真正确定的，只要教育的回报保持不变，劳动力市场分裂，对贫穷的影响也将非常小。Jiao 和 Wang（2014）通过实地调研和深入访谈，以武陵山片区为对象，发现在这些地区的教育发展过程中存在着许多不能满足包容性发展要求的问题，如缺乏参与经济发展的能力、教育“软实力”建设不足、政府资源配置不合理、区域教育发展不平衡、单一投资等问题。Gounder 和 Xing（2012）通过利用斐济家庭收入和支出调查数据，构建对减贫至关重要的经济和社会影响因素的经济模型，模型结果表明，不同收入的家庭都从通过正规教育获得的额外技能中受益。

第二节　国内相关研究

1997 年，林乘东指出，教育的反贫困作用在于可以斩断贫困的恶性循环链，教育投资应进入扶贫资源的配置格局，可采取一种自动分流体制实现教育投资的多元化，使高收入阶层“自动”选择付费教育，从而使公共教育投资能够向贫困人口倾斜。之后的研究，多是围绕教育扶贫的内涵、功能和意义、必要性、问题及对策展开。从时间上看，2001～2017 年，以“教育扶贫”为主题词，在中国知网共检测到 734 篇文献（图 2-1）。统计表明，理论界有关教育扶贫的研究 2016 年和 2017 年所占的比例较大，2016 年研究数量急剧上升，特别是 2017 年，占比近 50%。这与我国在 2015 年出台的《中共中央 国务院关于打赢脱贫攻坚战的决定》存在密切相关性。该文件明确要求“着力加强教育脱贫。加快实施教育扶贫工程，让贫困家庭子女都能接受公平有质量的教育，阻断贫困代际传递”。另外，还有一

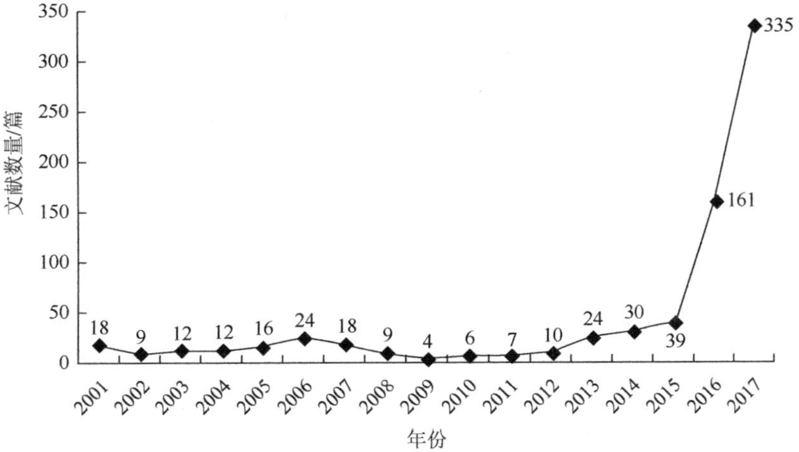

图 2-1　2001～2017 年教育扶贫文献统计

个重要因素是，2015 年我国提出“发展教育脱贫一批”，对教育扶贫的研究具有一定的促进和推动作用。

一、教育扶贫的内涵

关于什么是教育扶贫，理论上有两种解释，第一种认为教育扶贫是针对贫困地区的贫困人口的扶贫，将教育看作我国扶贫系统的一个重要领域和阵地；第二种认为教育扶贫具有双重属性，教育既是我国扶贫的主要阵地，也是我国扶贫的重要手段。总体上，持第一种观点的学者占大多数，如李有发（2006）认为，教育扶贫是指为贫困地区的贫困人口提供教育资助与服务，使贫困人口掌握脱贫致富知识与技能的扶贫方式。谢君君（2012）认为，教育扶贫是指针对贫困地区的贫困人口进行教育投入和教育资助服务，通过提高当地人口的科学文化素质以促进当地的经济和文化发展，并最终摆脱贫困的一种扶贫方式。张琦和史志乐（2017）认为，教育扶贫作为一项直接作用于人的扶贫方式，主要通过提高贫困地区的贫困人口的科学文化素质，充分挖掘和利用贫困人口的内生动力与可持续发展能力，实现长效性脱贫。卢品慕（1998）指出，教育扶贫是把扶贫的重点放在人力资本方面，通过教育，提高人们的文化知识水平，提高人们接受新鲜事物的自觉性和主动性，冲破贫穷愚昧的束缚。持第二种观点的学者，如刘军豪和许锋华（2016）认为，教育在扶贫过程中兼具目标与手段、任务与工具的双重属性，具有“扶教育之贫”和“依靠教育扶贫”双重含义。

二、教育扶贫的功能和意义

关于教育扶贫的功能和意义的研究主要集中在两方面，一是教育扶贫是阻断贫困代际传递的根本手段和重要方式，处于基础性、导向性和前瞻性的扶贫地位；二是教育扶贫是社会主义的本质要求，体现了对公平正义的追求。例如，张立冬（2013）在针对农村贫困的实证研究中发现，贫困代际传递的一个重要因素是教育程度低下，教育扶贫可以阻断贫困代际传递。李梦鸽（2016）认为，教育作为一种促进社会流动的机制，可以有效阻断贫困代际传递。李兴洲（2017）指出，教育扶贫是阻断贫困代际传递的根本手段和重要方式。袁利平和万江文（2017）指出，教育在“精准扶贫、精准脱贫”中发挥着战略性、奠基性、引领性和延续性的作用。孙华（2013）指出，民族地区教育扶贫攻坚既是民族地区全面建成小康社会的现实需要，又是少数民族群众素质提升的必然诉求。周毅（2011）指出，对民族贫困地区进行教育扶贫是民族贫困地区脱贫治本的主要举措，有利于提高民族贫困地区的教育水平，阻断贫困恶性循环，是实现教育公平的有效途径。张治荣（2016）指出，教育因其基础性、全局性、持久性地位与作用，被赋予阻断贫困代际传递的重大光荣历史使命。

三、教育扶贫的问题及对策

理论界有关教育扶贫的研究更多地集中在教育扶贫问题及提出相关对策方面。在分析问题及对策提出方面，不同的学者观点不一。周学桃（2002）认为，我国教育扶贫过程中教师队伍建设较落后，建议通过政策制定、建立机制等途径加强贫困地区的教师队伍建设。李有发（2006）指出，贫困地区教育经费不足，职业教育、成人教育水平远远落后于发达地区，提出国家应当设立教育扶贫基金，建立贫困人口职业教育和实用技术教育专项基金，加快发展面向农村的成人教育。傅佑全（2016）指出，传统的扶贫政策与扶贫模式实施几十年仍然不能脱贫，关键在于扶贫政策上的平均主义、扶贫模式上的一刀切，因此建议把教育扶贫与开发纳入精准扶贫战略中的首要选项实施，以达到教育扶贫的标本兼治。王晓东等（2014）指出，教育落后是贫困地区贫困的根本原因，应加大政府教育投入的力度，发挥高等学校的人才优势，发挥各社会团体的作用。张琦和史志乐（2017）指出，我国教育扶贫存在标准较低，针对性不强，扶贫没有形成系统完善的机制，针对这些问题，认为国家应针对贫困地区制定和实施教育发展专项规划并给予倾斜性政策，增加贫困地区相关教育投入，优化教育扶贫资金使用。任友群等（2017）指出，以往的教育扶贫工作存在教育目标失当、对象失焦、重点失实、布局失准等问题，应发挥教育信息化在教育精准扶贫中的作用。范平花（2017）认为，目前存在教育资源配置缺乏有效监督和评估，尚未建立精准教育扶贫的推进机制等问题，提出应积极构建参与式贫困治理体系，改革教育扶贫资源分配制度，转变教育扶贫的形式和内容，构建和发展教育扶贫机构及平台的对策建议。

四、职业教育扶贫

除一般意义上讨论教育扶贫外，理论界不少学者围绕职业教育扶贫进行研究，且成果比较多。这些研究集中在职业教育扶贫的模式、功能和意义、存在的问题及策略等方面。

第一，职业教育扶贫的模式。王锋和侯长林（2017）提出以奖代补型、园区主导型、院校带动型、产业拉动型、文化推动型等新模式。朱爱国（2016）提出“奖、助、贷、补”相结合的奖助模式，长短结合的技能培训模式，与科技扶贫相结合的对口帮扶模式。

第二，职业教育扶贫的功能和意义。与普通教育类型相比，职业教育扶贫契合了经济转型产业升级对高技能人才的需求（何丕洁，2015；翁伟斌，2017）。职业教育扶贫是整个扶贫开发的一个重要方面，是扶贫助困的治本之策（豆小文，2014）。职业教育具有促进经济发展、实现脱贫致富的社会功能（许锋华，2016）。职业教育的主要功能是培养技术技能人才，是最有效的“造血式”扶贫（朱爱国，2016；滕春燕和肖静，2017）。职业教育是关注民生的“平民教育”，也是实施教育精准扶贫的“排头兵”（李鹏等，2017）。职业教育扶贫是精准扶贫的重要路径，是全面建成小康社会的重大战略举措（李中国和黎兴成，2017）。

第三，职业教育扶贫存在的问题及策略。李鹏等（2017）认为，职业教育扶贫在精准聚焦、拔根除贫和长效保障方面还存在困难。应积极推动职业教育供给侧的体制机制改革，建构现代职业教育体系，增加职业教育个人收益。李锋和孙霄（2017）指出，目前职业教育扶贫面临着社会认同度和吸引力、扶贫投入、专业设置与人才需求的耦合度、“双师型”师资队伍、创业教育意识、招生制度等方面的困难和问题。应通过加大舆论宣传力度、加快实施现代职业教育扶贫工程、增强专业设置与人才需求的耦合度、培养和引进相结合、加强引导、改进和完善招生制度等对策和措施探寻解决的路径。

总之，通过对理论界教育扶贫文献的梳理不难发现，教育扶贫逐渐成为众多学者的主要研究阵地，内容丰富且涉及面广。不仅涵盖教育扶贫的内涵、功能和意义、模式等方面，也对教育扶贫过程中所出现的问题进行了深度剖析，并提出了相应的解决对策。然而，教育扶贫的研究力度和深度还不够：第一，研究形式多数以期刊和学位论文为主，专著类形式鲜见；第二，研究范围以职业教育为主，其他教育类型关注较少；第三，研究角度多数聚焦在宏观层面，缺乏微观层面的切入；第四，采用定性方法研究的居多，实证研究较少，特别是教育扶贫过程中取得的成效研究更是少之又少。目前，各地区均在不同程度地推行教育扶贫，包括从制度政策出台到资金的支持，这些措施对提高贫困地区的教育质量起到了积极作用。但是如何设计一套精确科学的指标，对贫困地区教育扶贫取得的绩效进行评价，从而为后期的扶贫提供理论依据，是理论界应该长期关注的议题。

第三章 武陵山片区经济发展分析

第一节 湖南片区经济发展分析

一、GDP 及人均 GDP

湖南片区包括 37 县（市、区）：吉首市、泸溪县、凤凰县、花垣县、保靖县、古丈县、永顺县、龙山县、永定区、武陵源区、慈利县、桑植县、鹤城区、中方县、沅陵县、辰溪县、溆浦县、会同县、麻阳苗族自治县（简称麻阳县）、新晃侗族自治县（简称新晃县）、芷江侗族自治县（简称芷江县）、靖州苗族侗族自治县（简称靖州县）、通道侗族自治县（简称通道县）、洪江市、石门县、安化县、新化县、冷水江市、涟源市、新邵县、邵阳县、隆回县、洞口县、绥宁县、新宁县、城步苗族自治县（简称城步县）、武冈市。

（一）GDP

1. GDP 增长情况

湖南片区 37 县（市、区）经济发展规模不断增长。2003～2015 年 GDP 年均增速为 16.4%。其中，2003 年为 6 650 836 万元，2007 年为 14 104 149 万元，2008 年为 16 399 656 万元，2009 年为 18 735 037 万元，2010 年为 22 150 516 万元，2011 年为 27 415 769 万元，2012 年为 31 642 001 万元，2013 年为 34 723 255 万元，2014 年为 37 902 319 万元，2015 年为 41 084 580 万元。

分地区来看，2003 年，怀化市 12 县（市、区）GDP 为 1 857 431 万元，湘西土家族苗族自治州（简称湘西州）8 县（市）GDP 为 681 687 万元，张家界市 4 县（区）GDP 为 583 628 万元，常德市石门县 GDP 为 386 150 万元，益阳市安化县 GDP 为 260 956 万元，娄底市 3 县（市）GDP 为 1 040 414 万元，邵阳市 8 县（市）1 840 570 万元。

2007 年，怀化市 12 县（市、区）GDP 为 4 031 737 万元，湘西州 8 县（市）GDP 为 1 906 753 万元，张家界市 4 县（区）GDP 为 1 537 603 万元，常德市石门县 GDP 为 693 250 万元，益阳市安化县 GDP 为 535 554 万元，娄底市 3 县（市）GDP 为 2 415 019 万元，邵阳市 8 县（市）GDP 为 2 984 233 万元。

2008 年，怀化市 12 县（市、区）GDP 为 4 878 687 万元，湘西州 8 县（市）GDP 为 2 290 691 万元，张家界市 4 县（区）GDP 为 1 734 482 万元，常德市石门县 GDP 为 766 746 万元，益阳市安化县 GDP 为 633 287 万元，娄底市 3 县（市）GDP 为 2 919 172 万元，邵阳市 8 县（市）GDP 为 3 176 591 万元。

2009 年，怀化市 12 县（市、区）GDP 为 5 455 463 万元，湘西州 8 县（市）GDP 为 2 689 707 万元，张家界市 4 县（区）GDP 为 2 036 137 万元，常德市石门县 GDP 为 1 031 952 万元，益阳市安化县 GDP 为 750 570 万元，娄底市 3 县（市）GDP 为 3 149 791 万元，邵阳市 8 县（市）GDP 为 3 621 417 万元。

2010 年，怀化市 12 县（市、区）GDP 为 6 505 191 万元，湘西州 8 县（市）GDP 为 3 035 363 万元，张家界市 4 县（区）GDP 为 2 436 947 万元，常德市石门县 GDP 为 1 222 254 万元，益阳市安化县 GDP 为 885 044 万元，娄底市 3 县（市）GDP 为 3 713 291 万元，邵阳市 8 县（市）GDP 为 4 352 426 万元。

2011 年，怀化市 12 县（市、区）GDP 为 8 135 418 万元，湘西州 8 县（市）GDP 为 3 613 657 万元，张家界市 4 县（区）GDP 为 3 007 829 万元，常德市石门县 GDP 为 1 464 056 万元，益阳市安化县 GDP 为 1 117 235 万元，娄底市 3 县（市）GDP 为 4 621 770 万元，邵阳市 8 县（市）GDP 为 5 455 804 万元。

2012 年，怀化市 12 县（市、区）GDP 为 9 668 074 万元，湘西州 8 县（市）GDP 为 3 975 085 万元，张家界市 4 县（区）GDP 为 3 418 910 万元，常德市石门县 GDP 为 1 629 301 万元，益阳市安化县 GDP 为 1 322 533 万元，娄底市 3 县（市）GDP 为 5 452 387 万元，邵阳市 8 县（市）GDP 为 6 175 711 万元。

2013 年，怀化市 12 县（市、区）GDP 为 10 894 502 万元，湘西州 8 县（市）GDP 为 4 189 429 万元，张家界市 4 县（区）GDP 为 3 705 649 万元，常德市石门县 GDP 为 1 629 301 万元，益阳市安化县 GDP 为 1 464 844 万元，娄底市 3 县（市）GDP 为 6 119 226 万元，邵阳市 8 县（市）GDP 为 6 720 304 万元。

2014 年，怀化市 12 县（市、区）GDP 为 11 461 819 万元，湘西州 8 县（市）GDP 为 4 570 045 万元，张家界市 4 县（区）GDP 为 4 153 700 万元，常德市石门县 GDP 为 1 938 447 万元，益阳市安化县 GDP 为 1 628 404 万元，娄底市 3 县（市）GDP 为 6 637 225 万元，邵阳市 8 县（市）GDP 为 7 512 679 万元。

2015 年，怀化市 12 县（市、区）GDP 为 12 311 807 万元，湘西州 8 县（市）GDP 为 4 974 432 万元，张家界市 4 县（区）GDP 为 4 531 716 万元，常德市石门县 GDP 为 2 113 881 万元，益阳市安化县 GDP 为 1 750 207 万元，娄底市 3 县（市）GDP 为 7 111 483 万元，邵阳市 8 县（市）GDP 为 8 291 054 万元。

2. GDP 增速

2003～2015 年，湖南片区 37 县（市、区）GDP 年均增速为 16.4%。分地区来看，怀化市 12 县（市、区）GDP 年均增速为 17.1%，湘西州 8 县（市）GDP 年均增速为 18.0%，张家界市 4 县（区）GDP 年均增速为 18.6%，常德市石门县 GDP 年均增速为 15.2%，益阳市安化县 GDP 年均增速为 17.2%，娄底市 3 县（市）GDP 年均增速为 17.4%，邵阳市 8 县（市）GDP 年均增速为 13.4%，最高与最低增速之间相差 5.2 个百分点，超过平均水平 16.4%的有怀化市 12 县（市、区）、湘西州 8 县（市）、张家界市 4 县（区）、益阳市安化县、娄底市 3 县（市）。邵阳市 8 县（市）、常德市石门县增速低于平均水平（图 3-1）。

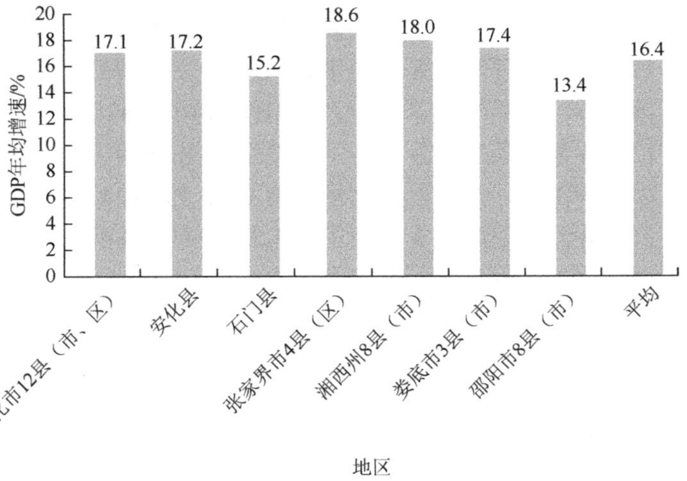

图 3-1　2003～2015 年湖南片区 GDP 年均增速

（二）人均 GDP

1. 人均 GDP 绝对量

2003～2015 年，湖南片区 37 县（市、区）人均 GDP 由 4430 元上升到 24 599 元。其中，2007 年为 9325 元，2008 年为 10 962 元，2009 年为 12 243 万元，2010 年为 14 077 万元，2011 年为 16 984 元，2012 年为 19 442 元，2013 年为 21 149 万元，2014 年为 22 867 元，2015 年为 24 599 元。

分地区来看，2003 年，怀化市 12 县（市、区）人均 GDP 为 4265 元，湘西州 8 县（市）人均 GDP 为 3387 元，张家界市 4 县（区）人均 GDP 为 6737 元，常德市石门县人均 GDP 为 6323 元，益阳市安化县人均 GDP 为 3030 元，娄底市 3 县（市）人均 GDP 为 5825 元，邵阳市 8 县（市）人均 GDP 为 3980 元。

2007 年，怀化市 12 县（市、区）人均 GDP 为 8888 元，湘西州 8 县（市）人均 GDP 为 8169 元，张家界市 4 县（区）人均 GDP 为 15 812 元，常德市石门县人均 GDP 为 11 760 元，益阳市安化县人均 GDP 为 6130 元，娄底市 3 县（市）人均 GDP 为 13 629 元，邵阳市 8 县（市）人均 GDP 为 6375 元。

2008 年，怀化市 12 县（市、区）人均 GDP 为 10 768 元，湘西州 8 县（市）人均 GDP 为 9777 元，张家界市 4 县（区）人均 GDP 为 17 420 元，常德市石门县人均 GDP 为 12 902 元，益阳市安化县人均 GDP 为 7230 元，娄底市 3 县（市）人均 GDP 为 16 512 元，邵阳市 8 县（市）人均 GDP 为 7349 元。

2009 年，怀化市 12 县（市、区）人均 GDP 为 11 856 元，湘西州 8 县（市）人均 GDP 为 11 376 元，张家界市 4 县（区）人均 GDP 为 20 722 元，常德市石门县人均 GDP 为 17 355 元，益阳市安化县人均 GDP 为 8528 元，娄底市 3 县（市）人均 GDP 为 17 467 元，邵阳市 8 县（市）人均 GDP 为 7315 元。

2010 年，怀化市 12 县（市、区）人均 GDP 为 13 889 元，湘西州 8 县（市）人均 GDP 为 12 544 元，张家界市 4 县（区）人均 GDP 为 22 817 元，常德市石门县人均 GDP 为 20 501 元，益阳市安化县人均 GDP 为 9924 元，娄底市 3 县（市）人均 GDP 为 21 408 元，邵阳市 8 县（市）人均 GDP 为 8486 元。

2011 年，怀化市 12 县（市、区）人均 GDP 为 16 963 元，湘西州 8 县（市）人均 GDP 为 14 671 元，张家界市 4 县（区）人均 GDP 为 26 347 元，常德市石门县人均 GDP 为 24 409 元，益阳市安化县人均 GDP 为 12 374 元，娄底市 3 县（市）人均 GDP 为 27 484 元，邵阳市 8 县（市）人均 GDP 为 10 356 元。

2012 年，怀化市 12 县（市、区）人均 GDP 为 20 031 元，湘西州 8 县（市）人均 GDP 为 16 027 元，张家界市 4 县（区）人均 GDP 为 30 012 元，常德市石门县人均 GDP 为 27 137 元，益阳市安化县人均 GDP 为 14 567 元，娄底市 3 县（市）人均 GDP 为 32 000 元，邵阳市 8 县（市）人均 GDP 为 11 628 元。

2013 年，怀化市 12 县（市、区）人均 GDP 为 22 210 元，湘西州 8 县（市）人均 GDP 为 16 709 元，张家界市 4 县（区）人均 GDP 为 32 299 元，常德市石门县人均 GDP 为 30 054 元，益阳市安化县人均 GDP 为 16 071 元，娄底市 3 县（市）人均 GDP 为 35 484 元，邵阳市 8 县（市）人均 GDP 为 12 568 元。

2014 年，怀化市 12 县（市、区）人均 GDP 为 23 373 元，湘西州 8 县（市）人均 GDP 为 18 109 元，张家界市 4 县（区）人均 GDP 为 36 226 元，常德市石门县人均 GDP 为 32 286 元，益阳市安化县人均 GDP 为 17 840 元，娄底市 3 县（市）人均 GDP 为 37 982 元，邵阳市 8 县（市）人均 GDP 为 13 971 元。

2015 年，怀化市 12 县（市、区）人均 GDP 为 24 978 元，湘西州 8 县（市）人均 GDP 为 19 494 元，张家界市 4 县（区）人均 GDP 为 39 256 元，常德市石门县人均 GDP 为 35 202 元，益阳市安化县人均 GDP 为 19 174 元，娄底市 3 县（市）人均 GDP 为 40 125 元，邵阳市 8 县（市）人均 GDP 为 15 335 元（表 3-1）。

表 3-1　2003～2015 年湖南片区 37 个县（市、区）人均 GDP 变化情况（单位：元）

地区	2003 年	2007 年	2008 年	2009 年	2010 年	2011 年	2012 年	2013 年	2014 年	2015 年
吉首市	7 123	17 584	19 997	22 675	24 730	28 482	31 537	33 904	35 806	39 364
泸溪县	2 940	6 244	8 003	11 100	13 518	17 236	17 472	16 876	18 529	18 644
凤凰县	2 984	5 524	6 491	8 412	9 801	11 974	13 382	15 368	17 265	19 362
花垣县	2 765	14 473	17 460	18 150	17 517	18 850	20 337	19 980	20 450	20 056
保靖县	2 945	7 282	8 754	10 974	11 906	13 374	14 563	12 695	13 954	15 331
古丈县	2 767	5 085	6 354	7 061	8 301	10 086	11 580	13 345	15 258	16 893
永顺县	2 436	4 456	5 361	6 051	7 057	8 667	9 590	10 712	11 628	12 918
龙山县	3 139	4 702	5 796	6 586	7 524	8 701	9 754	10 791	11 980	13 383
永定区	4 522	15 497	18 301	20 139	23 441	27 701	31 253	33 337	36 900	39 748
武陵源区	16 078	33 716	35 406	43 812	44 590	48 270	55 458	59 885	67 903	73 455
慈利县	3 875	7 841	8 817	10 653	13 345	16 696	18 714	20 303	22 584	24 747
桑植县	2 474	6 194	7 157	8 282	9 893	12 722	14 624	15 672	17 518	19 075
鹤城区	5 765	21 805	25 365	29 498	29 398	32 192	39 577	43 132	44 008	47 190
中方县	4 985	10 660	14 660	16 912	21 265	26 145	30 846	34 218	35 747	37 870
沅陵县	6 226	10 669	12 259	13 596	16 385	20 453	24 194	26 525	27 798	27 318
辰溪县	2 972	6 556	7 868	9 099	11 367	14 509	17 026	18 986	20 132	21 550
溆浦县	3 529	6 603	7 354	7 855	9 186	11 749	13 863	15 330	15 331	16 743
会同县	4 843	6 992	8 168	8 069	9 679	12 212	14 334	16 023	17 040	18 404
麻阳县	2 927	5 962	7 130	8 044	10 097	11 862	13 744	15 420	16 700	18 334
新晃县	3 286	6 812	8 479	8 029	10 221	13 002	15 412	17 193	18 328	19 851
芷江县	4 247	8 115	10 145	11 462	14 069	17 762	20 518	22 994	24 134	26 175
靖州县	5 608	9 246	11 398	11 994	14 104	17 550	20 348	22 774	25 078	27 127
通道县	2 854	5 331	6 655	7 491	8 794	11 003	12 781	14 134	14 871	16 106
洪江市	3 934	7 906	9 739	10 227	12 107	15 117	17 733	19 786	21 314	23 072
石门县	6 323	11 760	12 902	17 355	20 501	24 409	27 137	30 054	32 286	35 202
安化县	3 030	6 130	7 230	8 528	9 924	12 374	14 567	16 071	17 840	19 174
新化县	2 667	4 806	5 622	7 037	8 582	11 135	13 398	15 063	16 620	17 929
冷水江市	11 405	27 434	33 518	35 033	43 373	55 692	64 257	70 781	75 181	78 672
涟源市	3 402	8 648	10 396	10 330	12 269	15 624	18 346	20 607	22 145	23 773
新邵县	3 824	5 961	7 055	6 681	7 825	10 127	11 514	12 649	14 085	15 249
邵阳县	2 633	4 704	5 759	6 201	7 352	8 792	9 653	10 531	11 739	12 866
隆回县	3 238	4 477	5 336	5 888	6 944	8 509	9 572	10 191	11 486	12 777
洞口县	5 040	7 013	8 018	7 873	9 331	11 678	13 240	14 480	16 024	17 523

续表

地区	2003 年	2007 年	2008 年	2009 年	2010 年	2011 年	2012 年	2013 年	2014 年	2015 年
绥宁县	5 975	10 283	10 834	10 645	12 280	14 294	16 069	17 604	19 428	21 042
新宁县	3 259	5 389	6 295	6 748	7 779	9 442	10 732	11 834	13 209	14 673
城步县	3 940	6 839	7 744	6 690	7 628	9 260	10 132	10 595	11 663	12 865
武冈市	3 934	6 334	7 751	7 797	8 749	10 746	12 112	12 657	14 135	15 688
平均	4 430	9 325	10 962	12 243	14 077	16 984	19 442	21 149	22 867	24 599

2. 人均 GDP 增速

2003～2015 年，湖南片区 37 县（市、区）人均 GDP 年均增速为 15.36%。分地区来看，怀化市 12 县（市、区）人均 GDP 年均增速为 15.87%，湘西州 8 县（市）人均 GDP 年均增速为 15.70%，张家界市 4 县（区）人均 GDP 年均增速为 15.82%，常德市石门县人均 GDP 年均增速为 15.38%，益阳市安化县人均 GDP 年均增速为 16.62%，娄底市 3 县（市）人均 GDP 年均增速为 17.45%，邵阳市 8 县（市）人均 GDP 年均增速为 11.90%，最高与最低增速之间相差 5.55 个百分点，除邵阳市 8 县（市）人均 GDP 年均增速低于平均水平 15.36%外，其他均高于平均水平（图 3-2）。

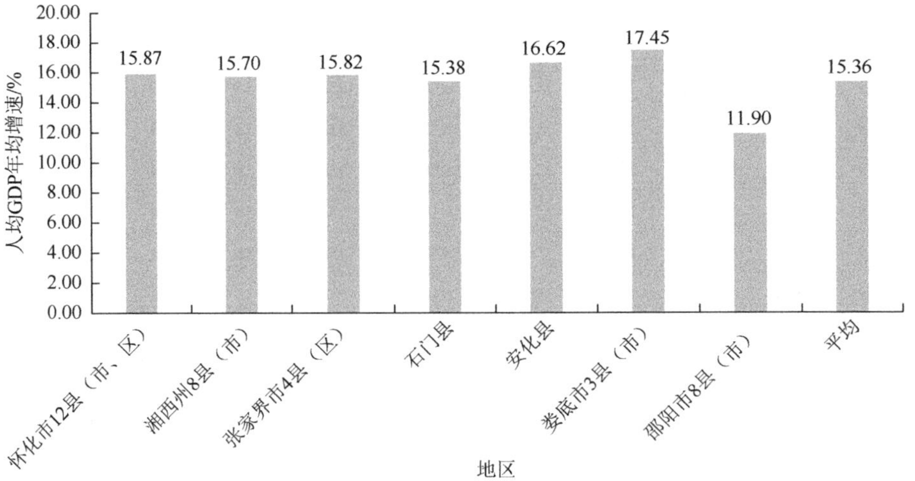

图 3-2　2003～2015 年湖南片区人均 GDP 年均增速

二、财政收入

财政作为城乡居民基本养老保险制度的筹资主体，必须保证一定的增长速度。2003～2015 年，湖南片区财政收入由 251 866 万元上升到 1 819 180 万元，年均增速为 17.9%。其中，怀化市 12 县（市、区）财政收入由 71 652 万元上升到 453 734 万元，年均增速为 16.6%。张家界市 4 县（区）财政收入由 31 149 万元上升到 197 525 万元，年均增速为 16.6%。常德市石门县财政收入由 15 308 万元上升到 66 683 万元，年均增速为 13.0%。益阳市安化县财政收入由 3571 万元上升到 66 531 万元，年均增速为 27.6%。娄底市 3 县（市）财政收入由 23 440 万元上升到 237 100 万元，年均增速为 21.3%。邵阳市 8 县（市）财政收入由 72 044 万元上升到 455 911 万元，年均增速为 16.6%。

从绝对值来看，2003 年，湖南片区 37 县（市、区）财政收入处于后三位的分别是古丈县（1278 万元）、泸溪县（2686 万元）、中方县（2712 万元），财政收入处于前三位的分别是石门县（15 308 万元）、邵阳县（12 894 万元）、隆回县（12 393 万元）；2014 年，湖南片区 37 县（市、区）财政收入处于后三位的分别是古丈县（18 481 万元）、保靖县（18 496 万元）、通道县（19 540 万元），财政收入处于前三位的分别是冷水江市（90 298 万元）、沅陵县（85 679 万元）、新化县（68 515 万元）；2015 年，湖南片区 37 县（市、区）财政收入处于后三位的分别是古丈县（21 012 万元）、通道县（21 084 万元）、新晃县（23 264 万元），财政收入处于前三位的分别是冷水江市（93 465 万元）、新邵县（78 343 万元）、吉首市（77 306 万元）（表 3-2）。

表 3-2　2003～2015 年湖南片区 37 县（市、区）财政收入　（单位：万元）

地区	2003 年	2007 年	2008 年	2009 年	2010 年	2011 年	2012 年	2013 年	2014 年	2015 年
吉首市	8 851	24 499	24 168	28 658	33 126	39 993	47 022	55 583	65 925	77 306
泸溪县	2 686	7 968	10 566	14 034	15 880	40 945	18 425	22 681	26 475	28 761
凤凰县	3 273	9 475	11 499	14 772	18 666	26 019	40 651	51 192	54 808	66 359
花垣县	4 927	32 410	31 553	30 508	32 797	29 701	33 178	38 481	42 049	48 491
保靖县	3 449	7 348	8 646	12 191	12 889	15 317	19 259	17 885	18 496	23 469
古丈县	1 278	2 316	3 124	4 006	4 878	7 370	10 840	15 616	18 481	21 012
永顺县	4 241	5 953	8 042	9 890	11 761	14 783	22 066	24 329	26 545	32 553
龙山县	5 997	9 961	11 887	14 123	14 951	17 931	21 853	25 174	32 059	43 745
永定区	7 683	13 033	16 334	20 121	23 003	28 189	34 581	42 115	48 651	55 004
武陵源区	7 022	15 884	15 059	17 328	20 746	26 098	31 145	32 029	36 831	42 247
慈利县	8 735	15 022	20 282	26 854	31 761	39 898	49 977	56 737	60 364	68 472
桑植县	7 709	7 832	10 152	14 009	16 264	20 249	24 806	28 855	32 024	31 802
鹤城区	4 553	13 006	17 936	24 366	33 931	46 128	63 345	68 817	55 143	64 190
中方县	2 712	8 538	11 563	15 386	18 983	25 282	34 883	39 418	30 562	31 967

续表

地区	2003 年	2007 年	2008 年	2009 年	2010 年	2011 年	2012 年	2013 年	2014 年	2015 年
沅陵县	11 588	20 080	25 100	29 668	37 328	47 056	67 740	82 407	85 679	62 162
辰溪县	7 050	15 327	18 398	22 087	26 057	31 957	46 049	48 143	40 505	45 250
溆浦县	10 456	16 001	20 329	24 439	28 680	34 602	45 786	49 200	36 642	39 991
会同县	5 694	8 218	10 478	12 850	15 881	20 793	29 500	30 004	27 447	30 737
麻阳县	4 326	5 526	6 994	8 686	10 171	14 809	21 586	24 077	24 975	27 281
新晃县	3 571	4 402	5 502	6 838	8 346	11 552	17 011	20 055	20 816	23 264
芷江县	5 025	7 882	10 310	14 234	18 477	24 552	35 696	41 159	40 057	43 811
靖州县	4 888	7 204	8 862	10 635	12 456	15 870	23 751	27 325	21 968	23 745
通道县	3 290	4 271	5 243	6 584	8 111	11 189	16 559	18 708	19 540	21 084
洪江市	8 499	11 648	14 583	25 056	25 147	33 068	62 395	41 953	51 593	40 252
石门县	15 308	26 993	29 695	31 477	38 239	50 721	54 833	60 600	61 259	66 683
安化县	3 571	16 046	18 293	21 636	27 178	36 822	45 672	53 671	61 914	66 531
新化县	7 683	23 217	24 038	28 201	33 073	41 856	57 647	68 595	68 515	70 188
冷水江市	7 022	38 351	46 456	55 755	71 363	86 137	105 416	114 890	90 298	93 465
涟源市	8 735	30 176	35 668	37 685	42 618	54 336	70 745	82 345	66 583	73 447
新邵县	4 555	14 509	16 517	18 200	23 544	30 237	38 419	50 971	66 116	78 343
邵阳县	12 894	13 247	15 099	18 254	22 675	29 385	37 642	50 068	53 446	63 009
隆回县	12 393	15 736	19 009	22 279	26 580	33 711	42 506	52 905	62 065	72 622
洞口县	9 647	14 654	16 497	19 238	22 279	28 078	37 496	45 781	52 933	62 080
绥宁县	8 191	11 639	9 967	11 201	12 209	17 567	22 240	26 814	30 883	34 553
新宁县	8 500	13 441	16 112	18 794	23 311	30 392	39 067	48 539	47 085	51 752
城步县	5 313	6 824	7 003	7 282	9 169	12 164	16 073	19 905	26 011	26 963
武冈市	10 551	17 858	20 774	24 393	27 062	36 915	48 685	51 460	58 045	66 589
合计	251 866	516 495	601 738	721 718	859 590	1 111 672	1 434 545	1 628 487	1 662 788	1 819 180

由表 3-2 可知，伴随经济的高速增长，湖南片区地方财政收入无论是绝对规模还是年均增速均呈现快速增长的特征，这为城乡居民基本养老保险制度提供了坚实的物质保障，但片区各县（市、区）增速各有不同，有些县（市、区）财政收入总量少，增速也落后于片区的平均速度，如古丈县、保靖县等。

三、农村人均纯收入

2003～2015 年，湖南片区农村人均纯收入绝对量增加 5804 元。2003 年湖南片区农村人均纯收入为 1728 元，2007 年农村人均纯收入为 2534 元，2008 年农村人均纯收入为 2783 元，2009 年农村人均纯收入为 2918 元，2010 年农村人均纯收入为 3422 元，2011 年农村人均纯收入为 4024 元，2012 年农村人均纯收入为 4678 元，2013 年农村人均纯收入为 6025 元，2014 年农村人均纯收入为 6748 元，2015 年农村人均纯收入为 7532 元。

2015 年，农村人均纯收入排在前三位的分别是冷水江市（18 239 元）、鹤城区（10 657 元）、武陵源区（10 001 元）。农村人均纯收入在 8000～10 000 元的县（市、区）有石门县（8778 元）、武冈市（8540 元）、中方县（8433 元）、溆浦县（8379 元）、洪江市（8325 元）、新邵县（8149 元）。37 个县（市、区）中，有 24 县（市、区）低于湖南片区平均水平（表 3-3）。

表 3-3　2003～2015 年湖南片区农村人均纯收入　（单位：元）

地区	2003 年	2007 年	2008 年	2009 年	2010 年	2011 年	2012 年	2013 年	2014 年	2015 年
吉首市	1 975	2 778	2 984	3 307	3 687	4 162	4 823	6 269	7 018	7 875
泸溪县	1 245	2 224	2 551	2 855	3 143	3 647	4 089	4 707	5 256	5 967
凤凰县	1 354	2 280	2 774	3 145	3 460	4 012	4 681	5 733	6 415	7 288
花垣县	1 262	2 292	2 705	2 980	3 290	3 783	4 354	4 903	5 509	6 276
保靖县	1 267	2 237	2 539	2 796	3 228	3 705	4 191	5 482	6 168	6 952
古丈县	1 234	1 943	2 148	2 381	2 620	3 086	3 596	4 127	4 626	5 265
永顺县	1 338	2 107	2 417	2 662	2 942	3 406	3 963	4 361	4 906	5 579
龙山县	1 465	2 281	2 510	2 775	3 077	3 628	4 164	4 361	6 095	6 869
永定区	1 715	2 939	3 329	2 394	4 236	4 593	4 961	6 054	6 640	7 370
武陵源区	1 950	3 717	4 184	4 976	5 085	5 714	6 465	7 862	8 899	10 001
慈利县	1 701	2 849	3 193	4 620	3 955	4 451	5 032	6 245	7 091	7 870
桑植县	1 223	1 890	2 163	2 371	2 642	3 020	3 406	4 226	4 719	5 428
鹤城区	2 750	3 469	3 989	4 038	4 830	5 902	7 080	8 506	9 608	10 657
中方县	2 002	2 717	3 730	2 142	4 234	5 151	6 082	6 830	7 577	8 433
沅陵县	1 348	1 721	2 996	2 488	2 627	3 630	4 265	5 681	6 402	7 042
辰溪县	1 762	2 192	1 940	2 488	2 983	3 840	4 777	6 038	6 693	7 436
溆浦县	2 611	3 301	2 334	2 489	4 281	4 834	5 453	6 943	7 575	8 379
会同县	2 300	2 115	3 547	2 490	3 243	3 848	4 632	6 124	6 672	7 407
麻阳县	1 428	1 884	2 276	2 491	2 600	3 590	4 300	4 794	5 373	6 158
新晃县	1 302	1 615	2 007	2 492	2 380	3 203	3 936	4 874	5 393	6 003
芷江县	1 776	2 186	1 754	2 493	3 513	3 975	4 535	5 217	5 838	6 533
靖州县	2 471	2 997	2 363	2 494	3 981	4 570	5 397	5 490	6 435	7 156
通道县	1 289	1 567	3 118	2 495	2 501	3 300	3 696	4 274	4 784	5 339

续表

地区	2003 年	2007 年	2008 年	2009 年	2010 年	2011 年	2012 年	2013 年	2014 年	2015 年
洪江市	2 675	3 426	1 757	2 496	4 821	5 600	6 554	7 193	7 519	8 325
石门县	2 035	3 460	3 831	4 138	4 825	5 564	6 156	7 259	8 066	8 778
安化县	1 392	2 210	2 431	2 490	2 669	3 150	3 528	5 722	6 196	6 797
新化县	1 320	1 761	1 951	2 500	2 350	2 726	3 342	5 197	5 819	6 473
冷水江市	2 548	4 376	5 173	6 131	7 278	8 516	10 441	15 407	16 921	18 239
涟源市	1 737	3 245	2 769	2 502	2 996	3 586	4 308	5 962	6 639	7 401
新邵县	1 560	2 396	2 569	2 699	2 894	3 353	3 986	6 505	7 269	8 149
邵阳县	1 188	2 038	2 201	2 399	2 652	3 055	3 499	6 316	7 040	7 885
隆回县	1 210	1 923	2 066	2 232	2 280	2 675	3 178	5 637	6 358	7 129
洞口县	2 392	3 267	3 598	3 537	2 836	3 220	3 793	6 178	6 920	7 790
绥宁县	2 579	3 820	3 016	3 243	4 072	4 647	4 990	5 860	6 592	7 350
新宁县	1 160	1 800	2 180	2 144	2 376	2 773	3 288	5 722	6 375	7 230
城步县	1 221	1 969	1 973	2 351	2 518	2 877	3 272	4 140	4 687	5 332
武冈市	2 145	2 770	3 892	3 243	3 507	4 096	4 864	6 722	7 596	8 540
平均	1 728	2 534	2 783	2 918	3 422	4 024	4 678	6 025	6 748	7 532

四、城镇化率

2003～2015 年，武陵山片区城镇化率由 21.46%上升到 39.23%，上升了 17.77 个百分点。其中，湘西州 8 县（市）由 26.79%上升到 41.51%，上升了 14.72 个百分点。张家界市 4 县（区）由 33.70%上升到 49.11%，上升了 15.41 个百分点。怀化市 12 县（市、区）由 26.45%上升到 39.62%，上升了 13.17 个百分点。石门县由 20.80%上升到 39.39%，上升了 18.59 个百分点。安化县由 13.96%上升到 30.00%，上升了 16.04 个百分点。娄底市 3 县（市）由 33.02%上升到 47.98%，上升了 14.96 个百分点。邵阳市 8 县（市）由 15.00%上升到 35.48%，上升了 20.48 个百分点。从区域来看，城镇化率最高的是张家界市，最低的是安化县。2003～2015 年，城镇化率上升最快的地区是湘西州，上升最慢的是怀化市。2015 年，在 37 个县（市、区）中，城镇化率排在后三位的分别是安化县（30.00%）、隆回县（31.34%）、绥宁县（31.53%），城镇化率排在前三位的分别是鹤城区（92.42%）、冷水江市（76.71%）、吉首市（73.26%）（表 3-4）。

表 3-4 2003～2015 年湖南片区城镇化率 （单位：%）

地区	2003 年	2007 年	2008 年	2012 年	2013 年	2014 年	2015 年
湘西州	26.79	32.56	34.43	38.20	39.33	40.40	41.51
吉首市	55.42	63.18	65.54	72.21	72.27	73.24	73.26
泸溪县	24.33	28.09	31.09	37.80	38.94	40.44	41.44
凤凰县	17.21	25.19	26.86	27.27	29.21	30.71	31.70
花垣县	20.20	30.66	32.56	35.38	36.40	37.37	37.63
保靖县	21.56	26.96	29.05	34.55	35.81	37.22	38.56
古丈县	28.60	24.43	25.75	33.95	34.93	35.23	36.32
永顺县	23.75	29.68	30.81	32.49	33.64	34.89	35.85
龙山县	23.24	32.27	33.78	31.96	33.41	34.12	37.30
张家界市	33.70	40.63	42.05	45.69	46.59	47.46	49.11
永定区	40.09	46.08	47.29	49.37	49.84	50.79	50.80
武陵源区	50.66	56.26	57.53	62.20	62.50	62.64	64.40
慈利县	25.72	32.81	34.38	37.84	39.41	40.52	42.22
桑植县	18.34	27.36	28.99	33.36	34.61	35.89	39.02
怀化市	26.45	31.66	33.18	36.14	37.22	37.94	39.62
鹤城区	41.83	84.22	86.73	91.91	92.38	92.38	92.42
中方县	16.13	17.90	19.92	27.07	30.40	31.03	33.36
沅陵县	25.55	28.64	30.16	32.31	33.51	33.95	34.35
辰溪县	32.62	34.68	35.19	31.75	31.99	32.30	34.35
溆浦县	23.45	25.71	27.70	30.82	31.63	33.41	35.44
会同县	25.94	28.87	29.39	29.62	29.90	32.29	33.71
麻阳县	20.27	24.01	25.03	29.11	29.87	29.97	32.19
新晃县	26.54	20.59	22.56	27.40	30.36	31.23	33.29
芷江县	22.86	24.21	26.21	27.52	28.12	29.57	32.55
靖州县	27.00	35.63	36.92	43.00	43.03	43.28	43.32
通道县	23.05	21.33	22.30	25.90	28.01	28.07	32.03
洪江市	32.10	34.10	36.10	37.25	37.41	37.81	38.39
石门县	20.80	24.76	27.07	33.52	37.41	37.46	39.39
安化县	13.96	17.13	23.71	26.41	27.60	28.53	30.00
娄底市	33.02	41.48	42.16	44.02	45.36	46.16	47.98
新化县	14.24	17.13	18.26	26.80	28.73	29.89	31.71
冷水江市	57.24	74.07	74.18	76.42	76.65	76.70	76.71
涟源市	27.59	33.23	34.05	28.85	30.69	31.88	35.52

续表

地区	2003 年	2007 年	2008 年	2012 年	2013 年	2014 年	2015 年
邵阳市	15.00	22.49	23.23	29.13	31.18	33.20	35.48
新邵县	14.51	19.58	20.55	30.21	31.00	31.88	34.03
邵阳县	13.78	21.43	22.24	30.21	32.49	34.81	36.50
隆回县	10.84	20.49	21.31	24.05	26.56	28.90	31.34
洞口县	19.37	25.95	26.65	33.01	35.20	37.80	40.24
绥宁县	12.90	21.90	22.57	23.94	26.81	29.10	31.53
新宁县	12.03	28.37	28.58	32.31	34.20	35.31	37.47
城步县	17.23	20.73	21.50	26.14	27.93	30.14	32.57
武冈市	19.36	21.43	22.46	33.15	35.23	37.68	40.12
平均	24.87	31.06	32.57	36.41	37.79	38.88	40.57

第二节　重庆片区经济发展分析

重庆片区包括 7 县（区）：黔江区、丰都县、武隆县[①]、石柱土家族自治县（简称石柱县）、秀山土家族苗族自治县（简称秀山县）、酉阳土家族苗族自治县（简称酉阳县）、彭水苗族土家族自治县（简称彭水县）。2015 年，该片区户籍总人口为 334.5 万人，其中，城镇人口为 127.36 万人。

一、GDP 及人均 GDP

（一）GDP

1. GDP 增长情况

2003～2015 年，重庆片区 7 县（区）GDP 稳步增长。由 2003 年的 146.12 亿元增加到 2015 年的 984.51 亿元，年均增速为 17.23%。

2003 年黔江区 GDP 为 25.42 亿元，丰都县为 29.94 亿元，武隆县为 20.82 亿元，石柱县为 17.02 亿元，秀山县为 18.93 亿元，酉阳县为 14.73 亿元，彭水县为 19.26 亿元。

2004 年黔江区 GDP 为 28.90 亿元，丰都县为 33.96 亿元，武隆县为 25.67 亿

① 2016 年 11 月 24 日，国务院正式批准武隆撤县设区。

元，石柱县为 20.37 亿元，秀山县为 23.31 亿元，酉阳县为 17.53 亿元，彭水县为 23.30 亿元。

2005 年黔江区 GDP 为 36.62 亿元，丰都县为 36.82 亿元，武隆县为 29.88 亿元，石柱县为 25.23 亿元，秀山县为 27.41 亿元，酉阳县为 20.12 亿元，彭水县为 29.22 亿元。

2006 年黔江区 GDP 为 39.92 亿元，丰都县为 39.95 亿元，武隆县为 33.55 亿元，石柱县为 29.02 亿元，秀山县为 29.64 亿元，酉阳县为 22.22 亿元，彭水县为 30.47 亿元。

2007 年黔江区 GDP 为 49.13 亿元，丰都县为 47.97 亿元，武隆县为 40.03 亿元，石柱县为 35.52 亿元，秀山县为 39.66 亿元，酉阳县为 27.64 亿元，彭水县为 37.60 亿元。

2008 年黔江区 GDP 为 60.48 亿元，丰都县为 57.47 亿元，武隆县为 49.81 亿元，石柱县为 43.95 亿元，秀山县为 50.04 亿元，酉阳县为 32.92 亿元，彭水县为 50.05 亿元。

2009 年黔江区 GDP 为 79.10 亿元，丰都县为 65.71 亿元，武隆县为 59.20 亿元，石柱县为 53.91 亿元，秀山县为 62.12 亿元，酉阳县为 47.70 亿元，彭水县为 58.14 亿元。

2010 年黔江区 GDP 为 100.12 亿元，丰都县为 77.12 亿元，武隆县为 72.42 亿元，石柱县为 64.81 亿元，秀山县为 75.91 亿元，酉阳县为 58.16 亿元，彭水县为 66.39 亿元。

2011 年黔江区 GDP 为 129.19 亿元，丰都县为 99.77 亿元，武隆县为 86.58 亿元，石柱县为 80.15 亿元，秀山县为 93.49 亿元，酉阳县为 76.96 亿元，彭水县为 76.49 亿元。

2012 年黔江区 GDP 为 147.95 亿元，丰都县为 111.07 亿元，武隆县为 98.40 亿元，石柱县为 93.10 亿元，秀山县为 106.08 亿元，酉阳县为 89.29 亿元，彭水县为 85.78 亿元。

2013 年黔江区 GDP 为 167.81 亿元，丰都县为 119.69 亿元，武隆县为 107.91 亿元，石柱县为 107.43 亿元，秀山县为 114.62 亿元，酉阳县为 100.25 亿元，彭水县为 97.46 亿元。

2014 年黔江区 GDP 为 186.31 亿元，丰都县为 135.37 亿元，武隆县为 119.98 亿元，石柱县为 119.95 亿元，秀山县为 126.50 亿元，酉阳县为 110.42 亿元，彭水县为 108.80 亿元。

2015 年黔江区 GDP 为 202.55 亿元，丰都县为 150.19 亿元，武隆县为 131.40 亿元，石柱县为 129.24 亿元，秀山县为 138.19 亿元，酉阳县为 116.97 亿元，彭水县为 115.97 亿元（表 3-5）。

表 3-5 2003～2015 年重庆片区 GDP （单位：亿元）

年份	黔江区	丰都县	武隆县	石柱县	秀山县	酉阳县	彭水县	合计
2003	25.42	29.94	20.82	17.02	18.93	14.73	19.26	146.12
2004	28.90	33.96	25.67	20.37	23.31	17.53	23.30	173.04
2005	36.62	36.82	29.88	25.23	27.41	20.12	29.22	205.30
2006	39.92	39.95	33.55	29.02	29.64	22.22	30.47	224.77
2007	49.13	47.97	40.03	35.52	39.66	27.64	37.60	277.55
2008	60.48	57.47	49.81	43.95	50.04	32.92	50.05	344.72
2009	79.10	65.71	59.20	53.91	62.12	47.70	58.14	425.88
2010	100.12	77.12	72.42	64.81	75.91	58.16	66.39	514.93
2011	129.19	99.77	86.58	80.15	93.49	76.96	76.49	642.64
2012	147.95	111.07	98.40	93.10	106.08	89.29	85.78	731.72
2013	167.81	119.69	107.91	107.43	114.62	100.25	97.46	815.16
2014	186.31	135.37	119.98	119.95	126.50	110.42	108.80	907.33
2015	202.55	150.19	131.40	129.24	138.19	116.97	115.97	984.51

2. GDP 增速

2003～2015 年，重庆片区 7 县（区）GDP 年均增速为 17.23%。分地区来看，黔江区 GDP 年均增速为 18.88%，丰都县 GDP 年均增速为 14.38%，武隆县 GDP 年均增速为 16.59%，石柱县 GDP 年均增速为 18.40%，秀山县 GDP 年均增速为 18.02%，酉阳县 GDP 年均增速为 18.85%，彭水县 GDP 年均增速为 16.14%。最高与最低增速之间相差4.5个百分点，超过平均水平 17.23%的县(区）有黔江区、石柱县、秀山县、酉阳县。丰都县、武隆县、彭水县增速低于平均水平（图 3-3）。

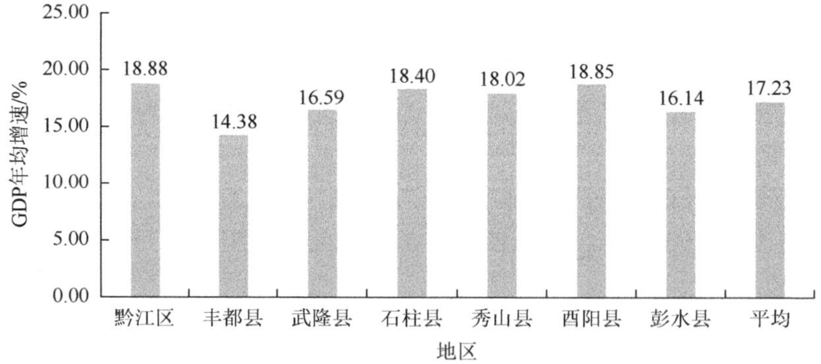

图 3-3 2003～2015 年重庆片区 GDP 年均增速

（二）人均 GDP

1. 人均 GDP 绝对量

2003～2015 年，重庆片区 7 县（区）人均 GDP 由 4276 元上升到 30 248 元，年均增加 2164 元，年均增速 17.71%。

2003 年黔江区人均 GDP 为 5838 元，丰都县为 4573 元，武隆县为 5907 元，石柱县为 3852 元，秀山县为 3762 元，酉阳县为 2515 元，彭水县为 3485 元。

2004 年黔江区人均 GDP 为 6605 元，丰都县为 5248 元，武隆县为 7357 元，石柱县为 4670 元，秀山县为 4642 元，酉阳县为 3023 元，彭水县为 4270 元。

2005 年黔江区人均 GDP 为 8288 元，丰都县为 5693 元，武隆县为 8574 元，石柱县为 5786 元，秀山县为 5452 元，酉阳县为 3485 元，彭水县为 5374 元。

2006 年黔江区人均 GDP 为 9080 元，丰都县为 6202 元，武隆县为 9655 元，石柱县为 6685 元，秀山县为 5926 元，酉阳县为 3856 元，彭水县为 5625 元。

2007 年黔江区人均 GDP 为 11 229 元，丰都县为 7479 元，武隆县为 11 581 元，石柱县为 8235 元，秀山县为 7966 元，酉阳县为 4822 元，彭水县为 6979 元。

2008 年黔江区人均 GDP 为 13 873 元，丰都县为 8982 元，武隆县为 14 489 元，石柱县为 10 246 元，秀山县为 10 099 元，酉阳县为 5769 元，彭水县为 9331 元。

2009 年，黔江区人均 GDP 为 18 090 元，丰都县为 10 252 元，武隆县为 17 192 元，石柱县为 12 541 元，秀山县为 12 516 元，酉阳县为 8350 元，彭水县为 10 822 元。

2010 年黔江区人均 GDP 为 24 960 元，丰都县为 11 879 元，武隆县为 20 631 元，石柱县为 15 614 元，秀山县为 15 133 元，酉阳县为 10 061 元，彭水县为 12 179 元。

2011 年黔江区人均 GDP 为 28 890 元，丰都县为 15 484 元，武隆县为 24 756 元，石柱县为 19 396 元，秀山县为 18 715 元，酉阳县为 13 554 元，彭水县为 14 091 元。

2012 年黔江区人均 GDP 为 33 046 元，丰都县为 17 519 元，武隆县为 28 188 元，石柱县为 22 612 元，秀山县为 21 381 元，酉阳县为 15 626 元，彭水县为 16 019 元。

2013 年黔江区人均 GDP 为 37 201 元，丰都县为 19 167 元，武隆县为 30 871 元，石柱县为 26 487 元，秀山县为 23 235 元，酉阳县为 17 711 元，彭水县为 18 467 元。

2014 年黔江区人均 GDP 为 40 960 元，丰都县为 21 972 元，武隆县为 34 404 元，石柱县为 30 321 元，秀山县为 25 751 元，酉阳县为 19 609 元，彭水县为 20 903 元。

2015 年黔江区人均 GDP 为 44 099 元，丰都县为 24 876 元，武隆县为 37 824 元，石柱县为 33 199 元，秀山县为 28 145 元，酉阳县为 20 908 元，彭水县为 22 687 元（图 3-4）。

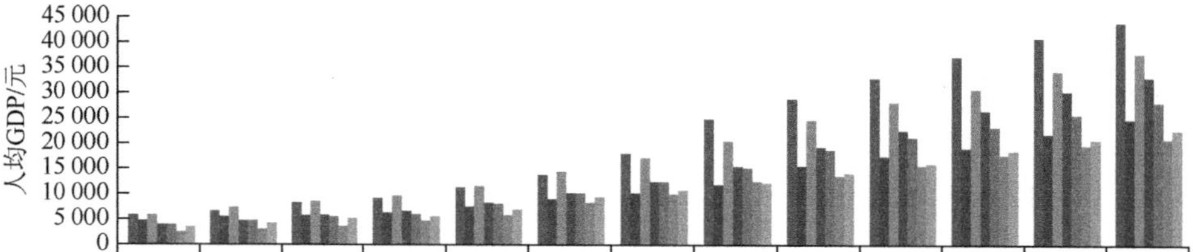

	2003年	2004年	2005年	2006年	2007年	2008年	2009年	2010年	2011年	2012年	2013年	2014年	2015年
■黔江区	5 838	6 605	8 288	9 080	11 229	13 873	18 090	24 960	28 890	33 046	37 201	40 960	44 099
■丰都县	4 573	5 248	5 693	6 202	7 479	8 982	10 252	11 879	15 484	17 519	19 167	21 972	24 876
■武隆县	5 907	7 357	8 574	9 655	11 581	14 489	17 192	20 631	24 756	28 188	30 871	34 404	37 824
■石柱县	3 852	4 670	5 786	6 685	8 235	10 246	12 541	15 614	19 396	22 612	26 487	30 321	33 199
■秀山县	3 762	4 642	5 452	5 926	7 966	10 099	12 516	15 133	18 715	21 381	23 235	25 751	28 145
■酉阳县	2 515	3 023	3 485	3 856	4 822	5 769	8 350	10 061	13 554	15 626	17 711	19 609	20 908
■彭水县	3 485	4 270	5 374	5 625	6 979	9 331	10 822	12 179	14 091	16 019	18 467	20 903	22 687

图 3-4　2003～2015 年重庆片区人均 GDP

2. 人均 GDP 增速

2003～2015 年，重庆片区 7 县（区）人均 GDP 年均增速为 17.71%。其中，人均 GDP 年均增速排在前三位的分别是石柱县（19.66%）、酉阳县（19.30%）、黔江区（18.35%），GDP 年均增速排在后三位的分别是丰都县（15.16%）、武隆县（16.73%）、彭水县（16.90%）。人均 GDP 年均增速超过 19%的县（区）有石柱县（19.66%）、酉阳县（19.30%）。人均 GDP 年均增速在 18%～19%的县（区）有黔江区（18.35%）、秀山县（18.26%）。人均 GDP 年均增速低于片区年均增速（17.71%）的县（区）有丰都县（15.16%）、武隆县（16.73%）、彭水县（16.90%）。值得一提的是，虽然酉阳县和秀山县人均 GDP 年均增速较快，但人均 GDP 的绝对量依然很低，2015 年，两县的人均 GDP 分别为 20 908 元和 28 145 元，远远低于片区的平均水平（30 248 元）（图 3-5）。

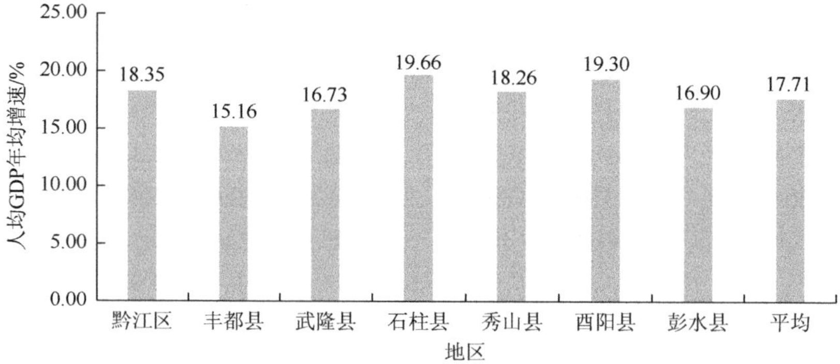

图 3-5　2003～2015 年重庆片区人均 GDP 年均增速

二、财政收入

2003～2015 年，重庆片区 7 县（区）财政收入由 7.41 亿元上升到 97.21 亿元，年均增速 23.9%。

2003 年黔江区财政收入为 1.74 亿元，丰都县为 1.48 亿元，武隆县为 1.06 亿元，石柱县为 0.71 亿元，秀山县为 0.76 亿元，酉阳县为 0.59 亿元，彭水县为 1.07 亿元。

2007 年黔江区财政收入为 8.28 亿元，丰都县为 2.46 亿元，武隆县为 2.72 亿元，石柱县为 1.80 亿元，秀山县为 2.64 亿元，酉阳县为 1.52 亿元，彭水县为 2.46 亿元。

2008 年黔江区财政收入为 6.83 亿元，丰都县为 3.69 亿元，武隆县为 3.74 亿元，石柱县为 2.83 亿元，秀山县为 4.01 亿元，酉阳县为 2.54 亿元，彭水县为 3.52 亿元。

2009 年黔江区财政收入为 9.64 亿元，丰都县为 5.65 亿元，武隆县为 4.89 亿元，石柱县为 4.29 亿元，秀山县为 5.96 亿元，酉阳县为 4.61 亿元，彭水县为 5.05 亿元。

2010 年黔江区财政收入为 15.18 亿元，丰都县为 8.50 亿元，武隆县为 7.10 亿元，石柱县为 8.21 亿元，秀山县为 10.07 亿元，酉阳县为 7.66 亿元，彭水县为 8.60 亿元。

2011 年黔江区财政收入为 22.85 亿元，丰都县为 12.30 亿元，武隆县为 11.41 亿元，石柱县为 11.75 亿元，秀山县为 13.09 亿元，酉阳县为 12.25 亿元，彭水县为 12.09 亿元。

2012 年黔江区财政收入为 15.52 亿元，丰都县为 8.52 亿元，武隆县为 8.68 亿元，石柱县为 7.14 亿元，秀山县为 10.08 亿元，酉阳县为 8.65 亿元，彭水县为 7.55 亿元。

2013 年黔江区财政收入为 17.38 亿元，丰都县为 11.79 亿元，武隆县为 9.79 亿元，石柱县为 8.73 亿元，秀山县为 12.48 亿元，酉阳县为 10.39 亿元，彭水县为 8.64 亿元。

2014 年黔江区财政收入为 20.09 亿元，丰都县为 12.81 亿元，武隆县为 11.61 亿元，石柱县为 11.10 亿元，秀山县为 14.15 亿元，酉阳县为 10.55 亿元，彭水县为 10.27 亿元。

2015 年黔江区财政收入为 21.23 亿元，丰都县为 14.55 亿元，武隆县为 13.62 亿元，石柱县为 12.57 亿元，秀山县为 10.73 亿元，酉阳县为 12.04 亿元，彭水县为 12.47 亿元（表 3-6）。

表 3-6　2003～2015 年重庆片区财政收入　（单位：亿元）

地区	2003 年	2007 年	2008 年	2009 年	2010 年	2011 年	2012 年	2013 年	2014 年	2015 年
丰都县	1.48	2.46	3.69	5.65	8.50	12.30	8.52	11.79	12.81	14.55
黔江区	1.74	8.28	6.83	9.64	15.18	22.85	15.52	17.38	20.09	21.23

续表

地区	2003 年	2007 年	2008 年	2009 年	2010 年	2011 年	2012 年	2013 年	2014 年	2015 年
武隆县	1.06	2.72	3.74	4.89	7.10	11.41	8.68	9.79	11.61	13.62
石柱县	0.71	1.80	2.83	4.29	8.21	11.75	7.14	8.73	11.10	12.57
秀山县	0.76	2.64	4.01	5.96	10.07	13.09	10.08	12.48	14.15	10.73
酉阳县	0.59	1.52	2.54	4.61	7.66	12.25	8.65	10.39	10.55	12.04
彭水县	1.07	2.46	3.52	5.05	8.60	12.09	7.55	8.64	10.27	12.47

三、农村人均纯收入

（一）农村人均纯收入绝对量

2003～2015 年，重庆片区 7 县（区）农村人均纯收入由 1701 元上升到 8828 元，增长了 4.19 倍，年均增速为 14.71%。其中，2003 年为 1701 元，2007 年为 2776 元，2008 年为 3290 元，2009 年为 3656 元，2010 年为 4354 元，2011 年为 5440 元，2012 年为 6238 元，2013 年为 7074 元，2014 年为 7846 元，2015 年为 8828 元。

2003 年黔江区农村人均纯收入为 1716 元，丰都县为 1925 元，武隆县为 1942 元，石柱县为 1586 元，秀山县为 1552 元，酉阳县为 1510 元，彭水县为 1674 元。

2007 年黔江区农村人均纯收入为 2828 元，丰都县为 3028 元，武隆县为 2935 元，石柱县为 3002 元，秀山县为 2609 元，酉阳县为 2354 元，彭水县为 2674 元。

2008 年黔江区农村人均纯收入为 3332 元，丰都县为 3591 元，武隆县为 3475 元，石柱县为 3579 元，秀山县为 3102 元，酉阳县为 2778 元，彭水县为 3174 元。

2009 年黔江区农村人均纯收入为 3696 元，丰都县为 3992 元，武隆县为 3863 元，石柱县为 3998 元，秀山县为 3447 元，酉阳县为 3082 元，彭水县为 3517 元。

2010 年黔江区农村人均纯收入为 4417 元，丰都县为 4766 元，武隆县为 4604 元，石柱县为 4765 元，秀山县为 4088 元，酉阳县为 3655 元，彭水县为 4182 元。

2011 年黔江区农村人均纯收入为 5452 元，丰都县为 5991 元，武隆县为 5792 元，石柱县为 5981 元，秀山县为 5110 元，酉阳县为 4539 元，彭水县为 5215 元。

2012 年黔江区农村人均纯收入为 6215 元，丰都县为 6932 元，武隆县为 6696 元，石柱县为 6848 元，秀山县为 5861 元，酉阳县为 5152 元，彭水县为 5959 元。

2013 年黔江区农村人均纯收入为 7060 元，丰都县为 7861 元，武隆县为 7633 元，石柱县为 7765 元，秀山县为 6647 元，酉阳县为 5832 元，彭水县为 6723 元。

2014 年黔江区农村人均纯收入为 7878 元，丰都县为 8679 元，武隆县为 8489 元，石柱县为 8586 元，秀山县为 7341 元，酉阳县为 6479 元，彭水县为 7469 元。

2014年农村人均纯收入排在前三位的分别是丰都县（8679元）、石柱县（8586元）、武隆县（8489元），农村人均纯收入排在后三位的分别是酉阳县（6479元）、秀山县（7341元）、彭水县（7469元）。7县（区）中，有3县（区）低于重庆片区平均水平。

2015年农村人均纯收入排在前三位的分别是丰都县（9729元）、石柱县（9642元）、武隆县（9562元），农村人均纯收入排在后三位的分别是酉阳县（7263元）、秀山县（8360元）、彭水县（8388元）。7县（区）中，有3县（区）低于重庆片区平均水平（表3-7）。

表3-7　2003～2015年重庆片区农村人均纯收入　（单位：元）

地区	2003年	2007年	2008年	2009年	2010年	2011年	2012年	2013年	2014年	2015年
丰都县	1 925	3 028	3 591	3 992	4 766	5 991	6 932	7 861	8 679	9 729
黔江区	1 716	2 828	3 332	3 696	4 417	5 452	6 215	7 060	7 878	8 855
武隆县	1 942	2 935	3 475	3 863	4 604	5 792	6 696	7 633	8 489	9 562
石柱县	1 586	3 002	3 579	3 998	4 765	5 981	6 848	7 765	8 586	9 642
秀山县	1 552	2 609	3 102	3 447	4 088	5 110	5 861	6 647	7 341	8 360
酉阳县	1 510	2 354	2 778	3 082	3 655	4 539	5 152	5 832	6 479	7 263
彭水县	1 674	2 674	3 174	3 517	4 182	5 215	5 959	6 723	7 469	8 388
平均	1 701	2 776	3 290	3 656	4 354	5 440	6 238	7 074	7 846	8 828

（二）农村人均纯收入增速

2003～2015年，重庆片区农村人均纯收入年均增速为14.71%。其中，农村人均纯收入年均增速排在前两位的分别是石柱县（16.23%）、秀山县（15.06%）。农村人均纯收入年均增速排在后三位的分别是酉阳县（13.98%）、武隆县（14.21%）、彭水县（14.37%）。农村人均纯收入增速低于片区平均增速的有酉阳县、黔江区、彭水县、武隆县和丰都县（图3-6）。

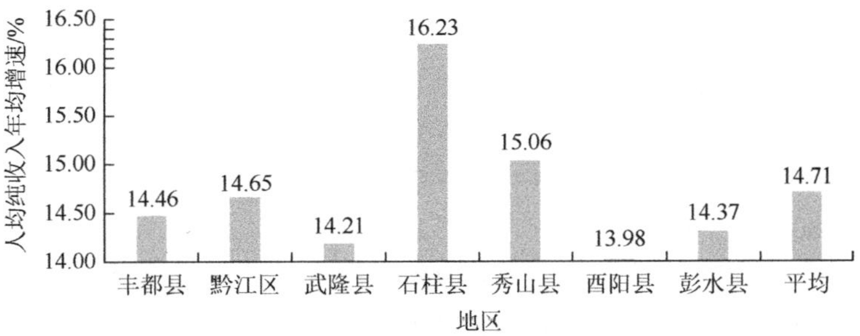

图3-6　2003～2015年重庆片区农村人均纯收入增速

四、城镇化率

2003～2015 年，重庆片区 7 县（区）城镇化率由 17.84%上升到 38.31%，上升了 20.47 个百分点。

2003 年重庆片区城镇化率为 17.84%。其中，黔江区为 25.30%，丰都县为 20.90%，武隆县为 22.70%，石柱县为 15.80%，秀山县为 15.40%，酉阳县为 12.80%，彭水县为 12.00%。

2004 年重庆片区城镇化率为 19.62%。其中，黔江区为 26.44%，丰都县为 22.62%，武隆县为 24.11%，石柱县为 17.23%，秀山县为 17.32%，酉阳县为 14.33%，彭水县为 15.32%。

2005 年重庆片区城镇化率为 21.14%。其中，黔江区为 27.90%，丰都县为 24.10%，武隆县为 25.60%，石柱县为 18.70%，秀山县为 18.90%，酉阳县为 15.80%，彭水县为 17.00%。

2006 年重庆片区城镇化率为 22.56%。其中，黔江区为 29.30%，丰都县为 25.50%，武隆县为 27.00%，石柱县为 20.10%，秀山县为 20.40%，酉阳县为 17.20%，彭水县为 18.40%。

2007 年重庆片区城镇化率为 24.01%。其中，黔江区为 30.90%，丰都县为 27.00%，武隆县为 28.40%，石柱县为 21.50%，秀山县为 21.90%，酉阳县为 18.60%，彭水县为 19.80%。

2008 年重庆片区城镇化率为 25.55%。其中，黔江区为 32.55%，丰都县为 28.51%，武隆县为 29.94%，石柱县为 23.03%，秀山县为 23.44%，酉阳县为 20.03%，彭水县为 21.32%。

2009 年重庆片区城镇化率为 27.19%。其中，黔江区为 34.30%，丰都县为 30.10%，武隆县为 31.60%，石柱县城为 24.70%，秀山县为 25.10%，酉阳县为 21.60%，彭水县为 22.90%。

2010 年重庆片区城镇化率为 31.03%。其中，黔江区为 39.10%，丰都县为 34.50%，武隆县为 32.30%，石柱县为 32.30%，秀山县为 30.00%，酉阳县为 23.80%，彭水县为 25.20%。

2011 年重庆片区城镇化率为 32.07%。其中，黔江区为 40.80%，丰都县为 36.10%，武隆县为 34.60%，石柱县为 34.00%，秀山县为 26.80%，酉阳县为 25.40%，彭水县为 26.80%。

2012 年重庆片区城镇化率为 34.49%。其中，黔江区为 42.53%，丰都县为 37.91%，武隆县为 36.17%，石柱县为 35.72%，秀山县为 33.41%，酉阳县为 27.12%，彭水县为 28.54%。

2013 年重庆片区城镇化率为 35.76%。其中，黔江区为 43.79%，丰都县为 39.24%，武隆县为 37.41%，石柱县为 36.98%，秀山县为 34.67%，酉阳县为 28.36%，彭水县为 29.84%。

2014 年重庆片区城镇化率为 37.10%。其中，黔江区为 45.12%，丰都县为 40.66%，武隆县为 38.70%，石柱县为 38.36%，秀山县为 36.01%，酉阳县为 29.66%，彭水县为 31.19%。

2015 年，重庆片区城镇化率为 38.31%。其中，黔江区为 46.13%，丰都县为 41.94%，武隆县为 39.86%，石柱县为 39.59%，秀山县为 37.31%，酉阳县为 30.91%，彭水县为 32.42%（表 3-8）。

表 3-8　2003～2015 年重庆片区城镇化率　（单位：%）

年份	黔江区	丰都县	武隆县	石柱县	秀山县	酉阳县	彭水县	平均
2003	25.30	20.90	22.70	15.80	15.40	12.80	12.00	17.84
2004	26.44	22.62	24.11	17.23	17.32	14.33	15.32	19.62
2005	27.90	24.10	25.60	18.70	18.90	15.80	17.00	21.14
2006	29.30	25.50	27.00	20.10	20.40	17.20	18.40	22.56
2007	30.90	27.00	28.40	21.50	21.90	18.60	19.80	24.01
2008	32.55	28.51	29.94	23.03	23.44	20.03	21.32	25.55
2009	34.30	30.10	31.60	24.70	25.10	21.60	22.90	27.19
2010	39.10	34.50	32.30	32.30	30.00	23.80	25.20	31.03
2011	40.80	36.10	34.60	34.00	26.80	25.40	26.80	32.07
2012	42.53	37.91	36.17	35.72	33.41	27.12	28.54	34.49
2013	43.79	39.24	37.41	36.98	34.67	28.36	29.84	35.76
2014	45.12	40.66	38.70	38.36	36.01	29.66	31.19	37.10
2015	46.13	41.94	39.86	39.59	37.31	30.91	32.42	38.31

第三节　湖北片区经济发展分析

湖北片区包括 11 县（市）：秭归县、五峰土家族自治县（简称五峰县）、长阳土家族自治县（简称长阳县）、恩施市、利川市、建始县、宣恩县、咸丰县、来凤县、鹤峰县、巴东县。

一、GDP 及人均 GDP

（一）GDP

2003～2015 年，湖北片区 11 县（市）GDP 稳步增长。2003 年湖北片区 GDP

为 202.03 亿元，2015 年 GDP 为 954.45 亿元，年均增速达 13.81%。其中，秭归县 GDP 由 21.53 亿元上升到 110.09 亿元，年均增速达 14.57%。长阳县 GDP 由 28.45 亿元上升到 120.46 亿元，年均增速达 12.78%。五峰县 GDP 由 10.89 亿元上升到 60.23 亿元，年均增速达 15.32%。恩施市 GDP 由 34.55 亿元上升到 171.39 亿元，年均增速达 14.28%。利川市 GDP 由 22.96 亿元上升到 98.86 亿元，年均增速达 12.94%。建始县 GDP 由 15.81 亿元上升到 77.78 亿元，年均增速达 14.20%。巴东县 GDP 由 19.45 亿元上升到 88.85 亿元，年均增速达 13.50%。宣恩县 GDP 由 12.54 亿元上升到 55.01 亿元，年均增速达 13.11%。咸丰县 GDP 由 14.43 亿元上升到 66.20 亿元，年均增速达 13.54%。来凤县 GDP 由 11.40 亿元上升到 57.86 亿元，年均增速达 14.50%。鹤峰县 GDP 由 10.02 亿元上升到 47.72 亿元，年均增速达 13.89%（表 3-9 和图 3-7）。

表 3-9　2003～2015 年湖北片区 GDP　　（单位：亿元）

地区	2003 年	2007 年	2008 年	2009 年	2010 年	2011 年	2012 年	2013 年	2014 年	2015 年
秭归县	21.53	29.64	36.97	43.96	52.90	66.69	78.77	91.24	100.53	110.09
长阳县	28.45	39.65	40.18	47.45	56.18	75.30	88.26	100.51	109.88	120.46
五峰县	10.89	16.82	21.07	24.92	28.42	36.62	44.27	50.59	55.28	60.23
恩施市	34.55	52.86	58.80	72.63	86.94	105.34	123.10	141.50	157.28	171.39
利川市	22.96	35.22	38.98	47.86	54.48	64.77	73.35	82.01	90.97	98.86
建始县	15.81	24.10	28.49	33.04	39.42	47.87	55.92	64.11	71.30	77.78
巴东县	19.45	25.00	35.68	40.72	49.34	57.52	65.51	74.00	81.45	88.85
宣恩县	12.54	17.38	21.50	24.31	29.14	34.64	40.28	45.28	50.26	55.01
咸丰县	14.43	18.93	23.65	28.78	34.82	41.98	48.18	54.49	60.66	66.20
来凤县	11.40	15.72	19.53	25.05	30.18	35.24	40.89	47.09	53.01	57.86
鹤峰县	10.02	16.19	18.17	21.54	26.26	30.43	34.97	39.51	43.62	47.72
合计	202.03	291.51	343.02	410.26	488.08	596.40	693.50	790.33	874.24	954.45

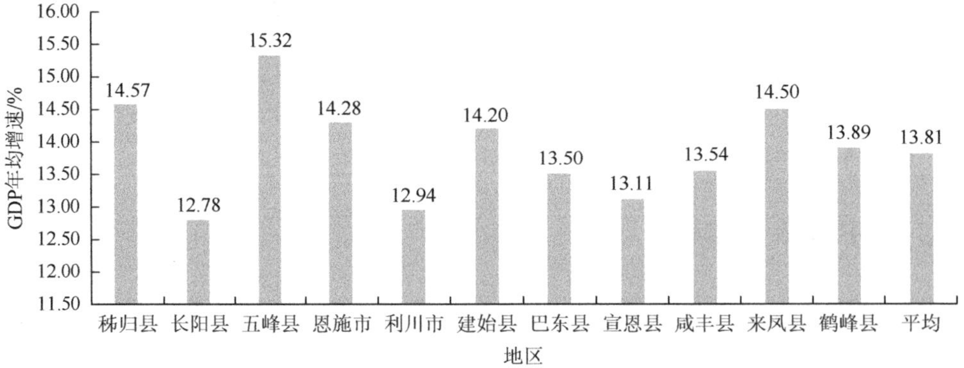

图 3-7　2003～2015 年湖北片区 GDP 年均增速

湖北片区 11 县（市）中，GDP 年均增速最快的是五峰县（15.32%）。位列第二、第三名的分别是秭归县（14.57%）、来凤县（14.50%）。GDP 年均增速排在后三位的分别是长阳县（12.78%）、宣恩县（13.11%）、利川市（12.94%）。GDP 年均增速低于片区平均水平（13.81%）的县（市）有 5 个，分别是长阳县（12.78%）、宣恩县（13.11%）、利川市（12.94%）、咸丰县（13.54%）、巴东县（13.50%）。GDP 年均增速最高与最低之间相差 2.54 个百分点。

（二）人均 GDP

2003～2015 年，湖北片区 11 县（市）人均 GDP 由 4375 元上升到 23 436 元，年均增速为 15.01%。其中，秭归县人均 GDP 由 5478 元上升到 30 454 元，年均增速达 15.37%。长阳县人均 GDP 由 6938 元上升到 31 191 元，年均增速达 13.34%。五峰县人均 GDP 由 5287 元上升到 32 046 元，年均增速达 16.20%。恩施市人均 GDP 由 4482 元上升到 22 338 元，年均增速达 14.32%。利川市人均 GDP 由 2759 元上升到 14 962 元，年均增速达 15.13%。建始县人均 GDP 由 3107 元上升到 18 702 元，年均增速达 16.13%。巴东县人均 GDP 由 4026 元上升 20 921 元，年均增速达 14.72%。宣恩县人均 GDP 由 3677 元上升到 18 200 元，年均增速达 14.26%。咸丰县人均 GDP 由 4032 元上升到 21 741 元，年均增速达 15.07%。来凤县人均 GDP 由 3700 元上升到 23 592 元，年均增速达 16.69%。鹤峰县 GDP 由 4639 元上升到 23 653 元，年均增速达 14.54%（表 3-10 和图 3-8）。

表 3-10　2003～2015 年湖北片区人均 GDP　（单位：元）

地区	2003 年	2007 年	2008 年	2009 年	2010 年	2011 年	2012 年	2013 年	2014 年	2015 年
秭归县	5 478	7 653	9 858	11 691	14 410	18 592	21 970	25 289	27 831	30 454
长阳县	6 938	9 492	9 921	11 716	14 472	19 665	22 995	26 087	28 473	31 191
五峰县	5 287	8 071	10 750	12 714	15 045	19 656	23 703	27 008	29 477	32 046
恩施市	4 482	6 667	7 831	9 608	11 598	13 838	16 151	18 524	20 453	22 338
利川市	2 759	4 054	5 537	6 510	8 329	9 881	11 176	12 467	13 729	14 962
建始县	3 107	4 766	6 312	7 279	9 567	11 593	13 527	15 437	17 105	18 702
巴东县	4 026	5 594	6 304	9 269	11 725	13 636	15 512	17 483	19 208	20 921
宣恩县	3 677	4 986	6 917	7 794	9 388	11 546	13 409	15 038	16 596	18 200
咸丰县	4 032	5 123	5 785	9 242	11 379	13 887	15 919	17 961	19 866	21 741
来凤县	3 700	4 964	6 918	8 883	12 424	14 478	16 776	19 279	21 584	23 592
鹤峰县	4 639	7 356	9 265	10 906	13 136	14 990	17 435	19 656	21 630	23 653
平均	4 375	6 248	7 763	9 601	11 952	14 706	17 143	19 475	21 450	23 436

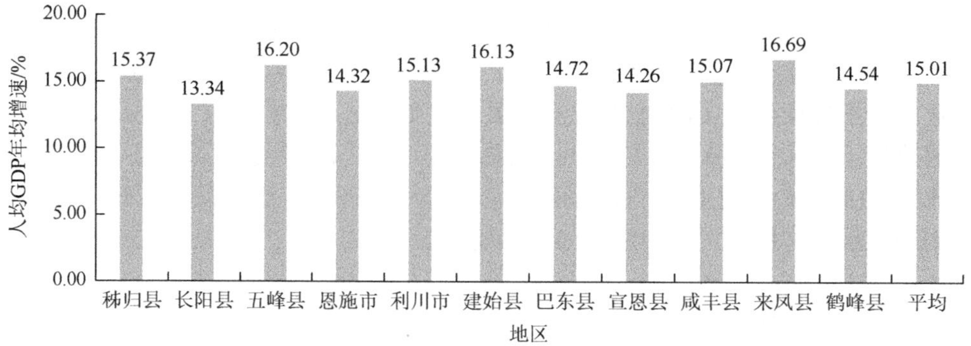

图 3-8　2003～2015 年湖北片区人均 GDP 增速

由图 3-8 可知，在湖北片区 11 县（市）中，人均 GDP 年均增速最快的是来凤县（16.69%）。位列第二、第三名的分别是五峰县（16.20%）、建始县（16.13%）。人均 GDP 年均增速排在后三位的分别是长阳县（13.34%）、宣恩县（14.26%）、恩施市（14.32%）。人均 GDP 年均增速低于片区平均水平（15.01%）的县（市）有 5 个，分别是长阳县（13.34%）、恩施市（14.32%）、宣恩县（14.26%）、鹤峰县（14.54%）、巴东县（14.72%）。人均 GDP 年均增速最高与最低之间相差 3.35 个百分点。

二、一般预算

2008～2015 年，湖北片区 11 县（市）一般预算收入由 16.39 亿元上升到 78.20 亿元，年均增速为 25.01%。其中，秭归县一般预算收入由 1.42 亿元上升到 9.84 亿元，年均增速达 31.86%；长阳县一般预算收入由 1.68 亿元上升到 9.11 亿元，年均增速达 27.32%；五峰县一般预算收入由 0.60 亿元上升到 3.64 亿元，年均增速达 29.37%；恩施市一般预算收入由 3.63 亿元上升到 21.44 亿元，年均增速达 28.88%；利川市一般预算收入由 2.51 亿元上升到 9.74 亿元，年均增速达 21.37%；建始县一般预算收入由 1.58 亿元上升到 5.15 亿元，年均增速达 18.39%；巴东县一般预算收入由 1.81 亿元上升到 5.86 亿元，年均增速达 18.27%；宣恩县一般预算收入由 0.68 亿元上升到 2.98 亿元，年均增速达 23.50%；咸丰县一般预算收入由 0.91 亿元上升到 3.68 亿元，年均增速达 22.09%；来凤县一般预算收入由 0.76 亿元上升到 3.73 亿元，年均增速达 25.52%；鹤峰县一般预算收入由 0.81 亿元上升到 3.03 亿元，年均增速达 20.74%（表 3-11）。

表 3-11　2008～2015 年湖北片区一般预算收入　（单位：亿元）

地区	2008 年	2009 年	2010 年	2011 年	2012 年	2013 年	2014 年	2015 年
秭归县	1.42	1.74	2.38	3.83	4.72	6.20	7.84	9.84
长阳县	1.68	1.94	2.21	3.40	4.35	5.77	7.28	9.11
五峰县	0.60	0.70	0.80	1.30	1.75	2.33	2.91	3.64
恩施市	3.63	4.18	5.23	7.87	11.52	15.54	18.33	21.44
利川市	2.51	3.14	4.03	5.71	6.57	7.72	8.76	9.74
建始县	1.58	1.74	2.13	2.92	3.42	4.08	4.62	5.15
巴东县	1.81	2.20	2.79	3.85	4.51	5.21	5.42	5.86
宣恩县	0.68	0.82	1.01	1.48	1.81	2.19	2.59	2.98
咸丰县	0.91	1.07	1.28	1.94	2.51	3.01	3.41	3.68
来凤县	0.76	0.82	1.00	1.47	2.01	2.51	3.14	3.73
鹤峰县	0.81	0.95	1.19	1.64	1.66	2.02	2.36	3.03
合计	16.39	19.30	24.05	35.41	44.83	56.58	66.66	78.20

三、城乡居民人均纯收入

2003～2015 年，湖北片区 11 县（市）农村人均纯收入由 1567 元上升到 7986 元，年均增速为 14.54%；城镇人均可支配收入由 5747 元上升到 21 535 元，年均增速为 11.64%。

2003～2015 年，秭归县农村人均纯收入由 1795 元上升到 8062 元，年均增速为 13.34%；城镇人均可支配收入由 6300 元上升到 21 810 元，年均增速为 10.90%。长阳县农村人均纯收入由 1879 元上升到 8148 元，年均增速为 13.00%；城镇人均可支配收入由 6700 元上升到 22 525 元，年均增速为 10.63%。五峰县农村人均纯收入由 1575 元上升到 7880 元，年均增速为 14.36%；城镇人均可支配收入由 5714 元上升到 20 508 元，年均增速为 11.24%。恩施市农村人均纯收入由 1551 元上升到 8274 元，年均增速为 14.97%；城镇人均可支配收入由 6630 元上升到 24 226 元，年均增速为 11.40%。利川市农村人均纯收入由 1545 元上升到 7839 元，年均增速为 14.49%；城镇人均可支配收入由 4498 元上升到 22 108 元，年均增速为 14.19%。建始县农村人均纯收入由 1448 元上升到 7920 元，年均增速为 15.21%；城镇人均可支配收入由 5604 元上升到 20 767 元，年均增速为 11.53%。巴东县农村人均纯收入由 1434 元上升到 7893 元，年均增速为 15.27%；城镇人均可支配收入由 5650 元上升到 21 058 元，年均增速为 11.59%。宣恩县农村人均纯收入由 1480 元上升到 7805 元，年均增速为 14.86%；城镇人均可支配收入由 6254 元上升到 20 606 元，年均增速为 10.45%。咸丰县农村人均纯收入由 1483 元上升到 7856 元，年均增速为 14.90%；城镇人均可支配收入由 4765 元上升到 20 775 元，年均增速为 13.06%。来凤县农村人均纯收入由 1488 元上升到 7794 元，年均增速为 14.80%；城镇人均可支配收入由 4750 元上升到 21 388 元，年均增速为 13.36%。鹤峰县农村人均纯收入由 1558 元上升到 8372 元，年均增速为 15.04%；城镇人均可支配收入由 6350 元上升到 21 118 元，年均增速为 10.53%（表 3-12）。

表 3-12 2003～2015 年湖北片区城乡居民人均纯收入 （单位：元）

指标	地区	2003 年	2007 年	2008 年	2009 年	2010 年	2011 年	2012 年	2013 年	2014 年	2015 年
农村人均纯收入	秭归县	1 795	2 507	2 875	3 177	3 497	4 056	4 698	5 331	7 336	8 062
	长阳县	1 879	2 601	2 969	3 282	3 610	4 190	4 819	5 466	7 448	8 148
	五峰县	1 575	2 298	2 664	2 968	3 265	3 789	4 392	5 001	7 164	7 880
	恩施市	1 551	2 172	2 519	2 815	3 250	3 946	4 619	5 329	7 453	8 274
	利川市	1 545	2 205	2 555	2 814	3 250	3 930	4 536	5 195	7 091	7 839
	建始县	1 448	2 102	2 490	2 807	3 243	3 898	4 527	5 193	7 145	7 920
	巴东县	1 434	2 102	2 482	2 790	3 244	3 915	4 552	5 216	7 140	7 893
	宣恩县	1 480	2 109	2 486	2 804	3 240	3 893	4 513	5 173	7 048	7 805
	咸丰县	1 483	2 102	2 522	2 807	3 246	3 921	4 526	5 152	7 077	7 856
	来凤县	1 488	2 153	2 543	2 798	3 240	3 895	4 508	5 153	7 050	7 794
	鹤峰县	1 558	2 202	2 555	2 848	3 333	4 116	4 802	5 521	7 546	8 372
	平均	1 567	2 232	2 605	2 901	3 311	3 959	4 590	5 248	7 227	7 986
城镇人均可支配收入	秭归县	6 300	8 683	9 679	10 515	11 489	12 757	14 518	16 306	19 937	21 810
	长阳县	6 700	8 925	10 056	10 839	11 840	13 557	15 387	17 215	20 580	22 525
	五峰县	5 714	7 526	8 318	8 950	9 688	10 862	12 069	13 585	18 761	20 508
	恩施市	6 630	9 450	10 903	11 875	13 057	15 033	16 993	18 667	22 142	24 226
	利川市	4 498	7 729	8 551	8 551	10 713	12 636	12 914	16 070	20 092	22 108
	建始县	5 604	8 085	9 165	9 989	10 955	12 522	14 343	15 962	19 018	20 767
	巴东县	5 650	8 208	9 977	9 196	10 850	12 696	14 457	15 979	19 123	21 058
	宣恩县	6 254	8 303	9 212	9 952	10 792	12 502	14 344	15 974	18 870	20 606
	咸丰县	4 765	7 455	7 998	9 214	10 655	12 627	14 453	15 892	18 919	20 775
	来凤县	4 750	8 653	9 335	10 169	11 103	12 892	14 685	16 209	19 398	21 388
	鹤峰县	6 350	8 400	9 428	10 309	11 206	12 929	14 778	16 379	19 231	21 118
	平均	5 747	8 311	9 329	9 960	11 123	12 819	14 449	16 203	19 643	21 535

四、城镇化率

2003～2015 年，湖北片区城镇化率由 14.74%上升到 37.18%，上升了 22.44 个百分点。其中，秭归县城镇化率由 17.28%上升到 37.68%，上升了 20.40 个百分点。长阳县城镇化率由 13.59%上升到 31.39%，上升了 17.80 个百分点。五峰县城镇化率由 12.18%上升到 36.34%，上升了 24.16 个百分点。恩施市城镇化率由 26.73%上升到 51.72%，上升了 24.99 个百分点。利川市城镇化率由 14.18%上升到 39.27%，上升了 25.09 个百分点。建始县城镇化率由 10.00%上升到 36.00%，上升了 26.00 个百分点。巴东县城镇化率由 11.70%上升到 34.45%，上升了 22.75 个百分点。宣恩县城镇化率由 11.47%上升到 33.01%，上升了 21.54 个百分点。咸丰县城镇化率由 16.26%上升到 38.12%，上升了 21.86 个百分点。来凤县城镇化率由 19.77%上升到 37.96%，上升了 18.19 个百分点。鹤峰县城镇化率由 8.94%上升到 33.07%，上升了 24.13 个百分点（表 3-13）。

表 3-13　2003～2015 年湖北片区城镇化率　（单位：%）

地区	2003 年	2007 年	2008 年	2009 年	2010 年	2011 年	2012 年	2013 年	2014 年	2015 年
秭归县	17.28	16.42	17.67	17.89	30.16	32.28	34.03	34.03	36.53	37.68
长阳县	13.59	15.80	16.17	16.25	24.21	25.83	27.53	27.53	30.03	31.39
五峰县	12.18	12.81	13.75	13.72	30.02	31.62	33.35	33.35	35.43	36.34
恩施市	26.73	25.90	27.08	26.87	42.70	44.75	46.41	46.41	50.10	51.72
利川市	14.18	15.99	17.01	17.42	29.93	32.05	33.85	33.85	37.66	39.27
建始县	10.00	23.45	9.29	9.34	25.24	27.92	29.80	29.80	34.23	36.00
巴东县	11.70	16.85	12.16	12.50	26.02	28.12	30.10	30.10	33.27	34.45
宣恩县	11.47	16.61	8.10	8.11	23.65	25.53	27.50	27.50	31.14	33.01
咸丰县	16.26	17.70	8.95	9.46	28.38	31.52	33.50	33.50	36.95	38.12
来凤县	19.77	18.47	15.96	16.21	22.85	24.69	31.01	31.01	35.84	37.96
鹤峰县	8.94	14.36	11.19	11.07	26.11	28.01	32.68	32.68	31.56	33.07
平均	14.74	17.67	14.30	14.44	28.12	30.21	32.71	32.71	35.70	37.18

第四节　贵州片区经济发展分析

贵州片区包括 16 县（区）：碧江区[①]、玉屏侗族自治县（简称玉屏县）、江口县、石阡县、思南县、印江土家族苗族自治县（简称印江县）、德江县、沿河土家

① 碧江区原县级铜仁市，2011 年撤销市设区，本书 2011 年以前碧江区的数据为县级铜仁市的数据。

族自治县（简称沿河县）、松桃苗族自治县（简称松桃县）、万山区[①]、务川仡佬族苗族自治县（简称务川县）、正安县、道真仡佬族苗族自治县（简称道真县）、湄潭县、凤冈县、余庆县，总面积为2.9万km^2，占贵州省总面积的16.6%。总人口为611.8万人，其中农村人口为583.3万人。21世纪以来，贵州片区经济发展和扶贫开发取得了一定的成绩，2000～2010年，减少贫困人口83.7万人，贫困发生率下降了6.6%，但总体上贵州片区经济发展仍较落后，16个县（区）中，有10个县（区）是国家扶贫开发重点县（区），是贵州省扶贫开发的主战场之一。

一、GDP及人均GDP

（一）GDP

2003～2015年，贵州片区16县（区）GDP稳步增长。由2003年的163.41亿元增长到2015年的1151.27亿元，年均增速为17.67%（图3-9）。

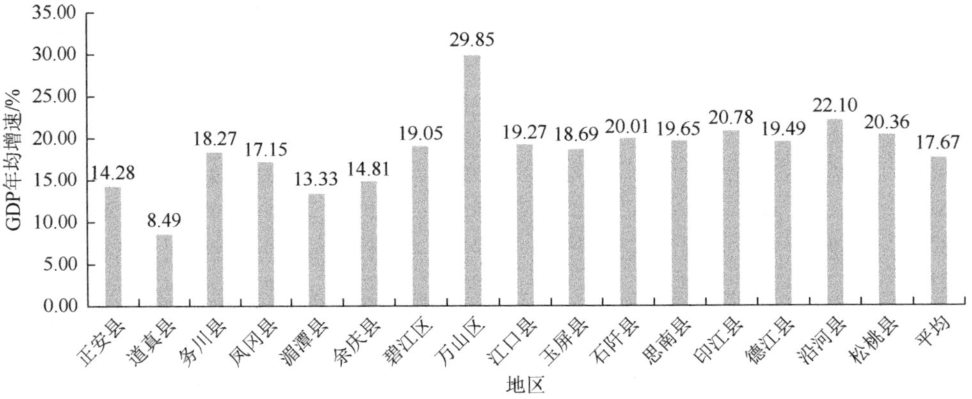

图3-9　2003～2015年贵州片区GDP年均增速

2003年正安县GDP为14.33亿元，道真县为18.17亿元，务川县为6.88亿元，凤冈县为9.00亿元，湄潭县为17.18亿元，余庆县为12.29亿元，江口县为5.00亿元，玉屏县为8.01亿元，石阡县为6.68亿元，思南县为11.77亿元，印江县为7.70亿元，德江县为9.98亿元，沿河县为7.70亿元，松桃县为11.19亿元，万山区为1.66亿元，碧江区为15.87亿元。

① 2011年国务院批复同意撤销铜仁地区设立地级铜仁市，设立万山区，以原万山特区和原县级铜仁市的茶店镇、鱼塘乡、大坪乡的行政区域为万山区的行政区域。本书2011年以前万山区的数据为万山特区的数据。

2008年正安县GDP为18.17亿元，道真县为12.83亿元，务川县为15.01亿元，凤冈县为17.44亿元，湄潭县为21.09亿元，余庆县为21.89亿元，江口县为11.17亿元，玉屏县为20.37亿元，石阡县为15.27亿元，思南县为11.77亿元，印江县为19.16亿元，德江县为23.31亿元，沿河县为23.22亿元，松桃县为31.65亿元，万山区为4.60亿元，碧江区为40.04亿元。

2009年正安县GDP为21.05亿元，道真县为14.80亿元，务川县为17.28亿元，凤冈县为19.02亿元，湄潭县为25.41亿元，余庆县为23.59亿元，江口县为12.36亿元，玉屏县为22.03亿元，石阡县为17.60亿元，思南县为33.69亿元，印江县为21.56亿元，德江县为27.34亿元，沿河县为27.39亿元，松桃县为35.02亿元，万山区为6.40亿元，碧江区为48.21亿元。

2010正安县GDP为24.91亿元，道真县为17.43亿元，务川县为20.01亿元，凤冈县为22.80亿元，湄潭县为30.18亿元，余庆县为14.51亿元，江口县为14.51亿元，玉屏县为25.04亿元，石阡县为20.50亿元，思南县为40.24亿元，印江县为25.28亿元，德江县为32.32亿元，沿河县为32.16亿元，松桃县为40亿元，万山区为7.22亿元，碧江区为56.44亿元。

2011年正安县GDP为29.69亿元，道真县为20.66亿元，务川县为23.23亿元，凤冈县为26.81亿元，湄潭县为36.62亿元，余庆县为30.75亿元，江口县为17.71亿元，玉屏县为30.78亿元，石阡县为24.96亿元，思南县为49.31亿元，印江县为31.41亿元，德江县为39.78亿元，沿河县为39.17亿元，松桃县为49.38亿元，万山区为9.15亿元，碧江区为70.34亿元。

2012年正安县GDP为35.63亿元，道真县为24.68亿元，务川县为23.20亿元，凤冈县为32.29亿元，湄潭县为41.11亿元，余庆县为36.58亿元，江口县为22.26亿元，玉屏县为39.06亿元，石阡县为32.21亿元，思南县为62.40亿元，印江县为40.41亿元，德江县为50.52亿元，沿河县为49.60亿元，松桃县为61.56亿元，万山区为21.31亿元，碧江区为78.76亿元。

2013年正安县GDP为43.43亿元，道真县为32.06亿元，务川县为34.49亿元，凤冈县为39.67亿元，湄潭县为54.04亿元，余庆县为44.54亿元，江口县为27.69亿元，玉屏县为45.41亿元，石阡县为38.26亿元，思南县为73.66亿元，印江县为48.24亿元，德江县为60.06亿元，沿河县为58.96亿元，松桃县为72.81亿元，万山区为25.12亿元，碧江区为93.98亿元。

2014年正安县GDP为59.81亿元，道真县为39.75亿元，务川县为42.99亿元，凤冈县为49.92亿元，湄潭县为66.15亿元，余庆县为54.92亿元，江口县为33.42亿元，玉屏县为55.44亿元，石阡县为47.67亿元，思南县为88.2亿元，印江县为58.91亿元，德江县为73.30亿元，沿河县为72.60亿元，松桃县为88.93亿元，万山区为31.11亿元，碧江区为110.81亿元。

2015 年正安县 GDP 为 71.09 亿元，道真县为 48.33 亿元，务川县为 51.55 亿元，凤冈县为 60.15 亿元，湄潭县为 77.09 亿元，余庆县为 64.46 亿元，江口县为 41.43 亿元，玉屏县为 62.62 亿元，石阡县为 59.60 亿元，思南县为 101.37 亿元，印江县为 74.22 亿元，德江县为 84.57 亿元，沿河县为 84.55 亿元，松桃县为 103.45 亿元，万山区为 38.16 亿元，碧江区为 128.63 亿元。

（二）人均 GDP

2003～2015 年，贵州片区人均 GDP 从 2652 元上升到 25 029 元，绝对额增长了 22 377 元，年均增速为 20.6%。

2003 年正安县人均 GDP 为 2380 元，道真县为 2264 元，务川县为 1640 元，凤冈县为 2191 元，湄潭县为 3630 元，余庆县为 4199 元，江口县为 2228 元，玉屏县为 5675 元，石阡县为 1749 元，思南县为 1875 元，印江县为 1863 元，德江县为 2221 元，沿河县为 1588 元，松桃县为 1753 元，万山区为 2507 元，碧江区为 4675 元。

2008 年正安县人均 GDP 为 3464 元，道真县为 4293 元，务川县为 3715 元，凤冈县为 4504 元，湄潭县为 4919 元，余庆县为 8337 元，江口县为 5240 元，玉屏县为 15 169 元，石阡县为 4370 元，思南县为 4630 元，印江县为 4842 元，德江县为 5283 元，沿河县为 4320 元，松桃县为 5069 元，万山区为 9110 元，碧江区为 12 173 元。

2009 年正安县人均 GDP 为 4005 元，道真县为 4944 元，务川县为 4264 元，凤冈县为 4264 元，湄潭县为 5911 元，余庆县为 8970 元，江口县为 5764 元，玉屏县为 16 308 元，石阡县为 5007 元，思南县为 5339 元，印江县为 5415 元，德江县为 6165 元，沿河县为 5063 元，松桃县为 5547 元，万山区为 12 153 元，碧江区为 14 570 元。

2010 年正安县人均 GDP 为 6196 元，道真县为 6990 元，务川县为 6070 元，凤冈县为 7118 元，湄潭县为 7882 元，余庆县为 12 094 元，江口县为 8202 元，玉屏县为 20 831 元，石阡县为 6632 元，思南县为 7857 元，印江县为 8583 元，德江县为 8604 元，沿河县为 7007 元，松桃县为 7986 元，万山区为 14 914 元，碧江区为 15 717 元。

2011 年正安县人均 GDP 为 7702 元，道真县为 8512 元，务川县为 7274 元，凤冈县为 8648 元，湄潭县为 9761 元，余庆县为 13 131 元，江口县为 10 261 元，玉屏县为 26 072 元，石阡县为 8222 元，思南县为 9889 元，印江县为 11 070 元，德江县为 10 831 元，沿河县为 8715 元，松桃县为 10 158 元，万山区为 11 410 元，碧江区为 21 394 元。

2012 年正安县人均 GDP 为 9342 元，道真县为 10 159 元，务川县为 8924 元，凤冈县为 10 501 元，湄潭县为 11 805 元，余庆县为 15 636 元，江口县为 18 875 元，玉屏县为 33 130 元，石阡县为 13 484 元，思南县为 10 627 元，印江县为 12 541 元，德江县为 14 269 元，沿河县为 13 779 元，松桃县为 11 042 元，万山区为 12 682 元，碧江区为 26 359 元。

2013 年正安县人均 GDP 为 11 360 元，道真县为 13 184 元，务川县为 10 852 元，凤冈县为 12 837 元，湄潭县为 14 391 元，余庆县为 18 945 元，江口县为 16 017 元，玉屏县为 38 220 元，石阡县为 12 592 元，思南县为 14 778 元，印江县为 17 001 元，德江县为 16 341 元，沿河县为 13 106 元，松桃县为 14 971 元，万山区为 22 074 元，碧江区为 30 925 元。

2014 年正安县人均 GDP 为 15 592 元，道真县为 16 275 元，务川县为 13 473 元，凤冈县为 16 101 元，湄潭县为 17 558 元，余庆县为 23 278 元，江口县为 19 289 元，玉屏县为 46 352 元，石阡县为 15 657 元，思南县为 17 667 元，印江县为 20 722 元，德江县为 19 852 元，沿河县为 16 125 元，松桃县为 18 223 元，万山区为 27 158 元，碧江区为 36 055 元。

2015 年正安县人均 GDP 为 18 475 元，道真县为 19 703 元，务川县为 16 098 元，凤冈县为 19 335 元，湄潭县为 20 392 元，余庆县为 27 223 元，江口县为 23 858 元，玉屏县为 52 140 元，石阡县为 19 547 元，思南县为 20 282 元，印江县为 26 070 元，德江县为 22 807 元，沿河县为 18 766 元，松桃县为 21 132 元，万山区为 33 197 元，碧江区为 41 433 元（表 3-14）。

表 3-14 2003～2015 年贵州片区人均 GDP （单位：元）

地区	2003 年	2008 年	2009 年	2010 年	2011 年	2012 年	2013 年	2014 年	2015 年
沿河县	1 588	4 320	5 063	7 007	8 715	13 779	13 106	16 125	18 766
德江县	2 221	5 283	6 165	8 604	10 831	14 269	16 341	19 852	22 807
印江县	1 863	4 842	5 415	8 583	11 070	12 541	17 001	20 722	26 070
松桃县	1 753	5 069	5 547	7 986	10 158	11 042	14 971	18 223	21 132
江口县	2 228	5 240	5 764	8 202	10 261	18 875	16 017	19 289	23 858
碧江区	4 675	12 173	14 570	15 717	21 394	26 359	30 925	36 055	41 433
万山区	2 507	9 110	12 153	14 914	11 410	12 682	22 074	27 158	33 197
玉屏县	5 675	15 169	16 308	20 831	26 072	33 130	38 220	46 352	52 140
思南县	1 875	4 630	5 339	7 857	9 889	10 627	14 778	17 667	20 282
石阡县	1 749	4 370	5 007	6 632	8 222	13 484	12 592	15 657	19 547
道真县	2 264	4 293	4 944	6 990	8 512	10 159	13 184	16 275	19 703
务川县	1 640	3 715	4 264	6 070	7 274	8 924	10 852	13 473	16 098

续表

地区	2003 年	2008 年	2009 年	2010 年	2011 年	2012 年	2013 年	2014 年	2015 年
正安县	2 380	3 464	4 005	6 196	7 702	9 342	11 360	15 592	18 475
凤冈县	2 191	4 504	4 264	7 118	8 648	10 501	12 837	16 101	19 335
湄潭县	3 630	4 919	5 911	7 882	9 761	11 805	14 391	17 558	20 392
余庆县	4 199	8 337	8 970	12 094	13 131	15 636	18 945	23 278	27 223
平均	2 652	6 215	7 106	9 543	11 441	15 242	17 387	21 211	25 029

二、财政收支

（一）地方财政收入

2003～2015 年，贵州片区 16 县（区）地方财政收入由 66 346 万元上升到 697 669 万元，年均增速为 21.66%。

2003 年正安县地方财政收入为 4952 万元，道真县为 4018 万元，务川县为 4407 万元，凤冈县为 3981 万元，湄潭县为 5763 万元，余庆县为 6086 万元，江口县为 2407 万元，玉屏县为 4795 万元，石阡县为 4310 万元，思南县为 5806 万元，印江县为 4001 万元，德江县为 4808 万元，沿河县为 4508 万元，松桃县为 4634 万元，万山区为 935 万元，碧江区为 935 万元。

2008 年正安县地方财政收入为 8766 万元，道真县为 5664 万元，务川县为 7630 万元，凤冈县为 7289 万元，湄潭县为 11 288 万元，余庆县为 13 019 万元，江口县为 8613 万元，玉屏县为 8613 万元，石阡县为 6758 万元，思南县为 9800 万元，印江县为 7282 万元，德江县为 9486 万元，沿河县为 12 619 万元，松桃县为 11 869 万元，万山区为 2893 万元，碧江区为 21 405 万元。

2009 年正安县地方财政收入为 10 760 万元，道真县为 7340 万元，务川县为 10 774 万元，凤冈县为 8260 万元，湄潭县为 14 086 万元，余庆县为 14 748 万元，江口县为 6532 万元，玉屏县为 11 939 万元，石阡县为 8118 万元，思南县为 11 516 万元，印江县为 9056 万元，德江县为 11 216 万元，沿河县为 15 765 万元，松桃县为 14 002 万元，万山区为 3636 万元，碧江区为 25 031 万元。

2010 年正安县地方财政收入为 14 568 万元，道真县为 10 285 万元，务川县为 14 083 万元，凤冈县为 10 859 万元，湄潭县为 19 196 万元，余庆县为 17 208 万元，江口县为 9517 万元，玉屏县为 13 749 万元，石阡县为 11 356 万元，思南县为 11 815 万元，印江县为 11 815 万元，德江县为 15 217 万元，沿河县为 21 099 万元，松桃县为 18 575 万元，万山区为 5336 万元，碧江区为 30 414 万元。

2011 年正安县地方财政收入为 20 823 万元，道真县为 15 188 万元，务川县为 24 254 万元，凤冈县为 15 836 万元，湄潭县为 26 877 万元，余庆县为 21 259 万元，江口县为 12 008 万元，玉屏县为 21 357 万元，石阡县为 15 809 万元，思南县为 15 469 万元，印江县为 15 469 万元，德江县为 23 254 万元，沿河县为 36 507 万元，松桃县为 31 641 万元，万山区为 8256 万元，碧江区为 46 884 万元。

2012 年正安县地方财政收入为 30 412 万元，道真县为 23 804 万元，务川县为 29 304 万元，凤冈县为 22 746 万元，湄潭县为 37 641 万元，余庆县为 27 648 万元，江口县为 15 931 万元，玉屏县为 23 183 万元，石阡县为 23 618 万元，思南县为 31 802 万元，印江县为 21 692 万元，德江县为 33 667 万元，沿河县为 45 768 万元，松桃县为 44 423 万元，万山区为 12 730 万元，碧江区为 61 289 万元。

2013 年正安县地方财政收入为 32 891 万元，道真县为 25 237 万元，务川县为 29 117 万元，凤冈县为 24 380 万元，湄潭县为 39 137 万元，余庆县为 29 743 万元，江口县为 12 114 万元，玉屏县为 28 057 万元，石阡县为 24 018 万元，思南县为 33 577 万元，印江县为 22 972 万元，德江县为 35 128 万元，沿河县为 40 798 万元，松桃县为 52 424 万元，万山区为 14 553 万元，碧江区为 92 825 万元。

2014 年正安县地方财政收入为 40 078 万元，道真县为 31 711 万元，务川县为 35 800 万元，凤冈县为 28 814 万元，湄潭县为 48 938 万元，余庆县为 34 225 万元，江口县为 15 549 万元，玉屏县为 35 784 万元，石阡县为 28 880 万元，思南县为 42 357 万元，印江县为 26 526 万元，德江县为 42 410 万元，沿河县为 36 681 万元，松桃县为 45 755 万元，万山区为 15 087 万元，碧江区为 110 893 万元。

2015 年正安县地方财政收入为 44 302 万元，道真县为 38 003 万元，务川县为 41 858 万元，凤冈县为 32 650 万元，湄潭县为 56 657 万元，余庆县为 38 711 万元，江口县为 17 961 万元，玉屏县为 39 085 万元，石阡县为 30 449 万元，思南县为 49 122 万元，印江县为 26 907 万元，德江县为 50 165 万元，沿河县为 39 089 万元，松桃县为 59 318 万元，万山区为 20 042 万元，碧江区为 113 350 万元（表 3-15）。

表 3-15　2003～2015 年贵州片区地方财政收入　（单位：万元）

地区	2003 年	2008 年	2009 年	2010 年	2011 年	2012 年	2013 年	2014 年	2015 年
沿河县	4 508	12 619	15 765	21 099	36 507	45 768	40 798	36 681	39 089
德江县	4 808	9 486	11 216	15 217	23 254	33 667	35 128	42 410	50 165
印江县	4 001	7 282	9 056	11 815	15 469	21 692	22 972	26 526	26 907
松桃县	4 634	11 869	14 002	18 575	31 641	44 423	52 424	45 755	59 318
江口县	2 407	8 613	6 532	9 517	12 008	15 931	12 114	15 549	17 961
碧江区	935	21 405	25 031	30 414	46 884	61 289	92 825	110 893	113 350
万山区	935	2 893	3 636	5 336	8 256	12 730	14 553	15 087	20 042

续表

地区	2003 年	2008 年	2009 年	2010 年	2011 年	2012 年	2013 年	2014 年	2015 年
玉屏县	4 795	8 613	11 939	13 749	21 357	23 183	28 057	35 784	39 085
思南县	5 806	9 800	11 516	11 815	15 469	31 802	33 577	42 357	49 122
石阡县	4 310	6 758	8 118	11 356	15 809	23 618	24 018	28 880	30 449
道真县	4 018	5 664	7 340	10 285	15 188	23 804	25 237	31 711	38 003
务川县	4 407	7 630	10 774	14 083	24 254	29 304	29 117	35 800	41 858
正安县	4 952	8 766	10 760	14 568	20 823	30 412	32 891	40 078	44 302
凤冈县	3 981	7 289	8 260	10 859	15 836	22 746	24 380	28 814	32 650
湄潭县	5 763	11 288	14 086	19 196	26 877	37 641	39 137	48 938	56 657
余庆县	6 086	13 019	14 748	17 208	21 259	27 648	29 743	34 225	38 711
合计	66 346	152 994	182 779	235 092	350 891	485 658	536 971	619 488	697 669

（二）地方财政支出

2003～2015 年，贵州片区 16 县（区）地方财政支出由 28.42 亿元上升到 416.34 亿元，年均增速为 25.07%。

2003 年正安县地方财政支出为 2.12 亿元，道真县为 1.72 亿元，务川县为 1.86 亿元，凤冈县为 1.64 亿元，湄潭县为 1.96 亿元，余庆县为 1.52 亿元，江口县为 1.25 亿元，玉屏县为 1.15 亿元，石阡县为 1.91 亿元，思南县为 2.50 亿元，印江县为 1.79 亿元，德江县为 1.97 亿元，沿河县为 2.20 亿元，松桃县为 2.23 亿元，万山区为 0.60 亿元，碧江区为 2.00 亿元。

2008 年正安县地方财政支出为 8.17 亿元，道真县为 5.70 亿元，务川县为 6.70 亿元，凤冈县为 6.30 亿元，湄潭县为 7.64 亿元，余庆县为 5.35 亿元，江口县为 4.75 亿元，玉屏县为 3.88 亿元，石阡县为 7.02 亿元，思南县为 10.02 亿元，印江县为 6.94 亿元，德江县为 8.03 亿元，沿河县为 9.26 亿元，松桃县为 9.82 亿元，万山区为 2.92 亿元，碧江区为 6.57 亿元。

2009 年正安县地方财政支出为 9.51 亿元，道真县为 6.75 亿元，务川县为 7.79 亿元，凤冈县为 7.28 亿元，湄潭县为 9.03 亿元，余庆县为 6.46 亿元，江口县为 5.30 亿元，玉屏县为 4.64 亿元，石阡县为 9.04 亿元，思南县为 11.46 亿元，印江县为 7.96 亿元，德江县为 9.15 亿元，沿河县为 10.48 亿元，松桃县为 11.93 亿元，万山区为 4.10 亿元，碧江区为 7.85 亿元。

2010 年正安县地方财政支出为 13.56 亿元，道真县为 8.99 亿元，务川县为 10.38 亿元，凤冈县为 8.86 亿元，湄潭县为 10.68 亿元，余庆县为 7.15 亿元，江口县为 7.29 亿元，玉屏县为 5.89 亿元，石阡县为 12.28 亿元，思南县为 15.97 元，印江县为 10.93 亿元，德江县为 11.97 亿元，沿河县为 13.84 亿元，松桃县为 15.95 亿元，万山区为 6.98 亿元，碧江区为 10.86 亿元。

2011 年正安县地方财政支出为 15.06 亿元，道真县为 11.23 亿元，务川县为 12.62 亿元，凤冈县为 11.17 亿元，湄潭县为 12.03 亿元，余庆县为 9.73 亿元，江口县为 9.50 亿元，玉屏县为 8.84 亿元，石阡县为 15.83 亿元，思南县为 19.60 亿元，印江县为 14.03 亿元，德江县为 16.13 亿元，沿河县为 18.00 亿元，松桃县为 19.52 亿元，万山区为 7.41 亿元，碧江区为 14.01 亿元。

2012 年正安县地方财政支出为 19.05 亿元，道真县为 14.09 亿元，务川县为 15.19 亿元，凤冈县为 18.01 亿元，湄潭县为 18.01 亿元，余庆县为 12.15 亿元，江口县为 12.20 亿元，玉屏县为 10.68 亿元，石阡县为 17.47 亿元，思南县为 23.75 亿元，印江县为 18.13 亿元，德江县为 20.58 亿元，沿河县为 23.69 亿元，松桃县为 26.57 亿元，万山区为 10.12 亿元，碧江区为 18.56 亿元。

2013 年正安县地方财政支出为 23.07 亿元，道真县为 14.94 亿元，务川县为 18.77 亿元，凤冈县为 16.65 亿元，湄潭县为 19.33 亿元，余庆县为 12.98 亿元，江口县为 11.77 亿元，玉屏县为 10.89 亿元，石阡县为 19.79 亿元，思南县为 27.83 亿元，印江县为 19.61 亿元，德江县为 26.33 亿元，沿河县为 26.21 亿元，松桃县为 29.81 亿元，万山区为 13.66 亿元，碧江区为 20.72 亿元。

2014 年正安县地方财政支出为 23.39 亿元，道真县为 18.06 亿元，务川县为 20.40 亿元，凤冈县为 17.83 亿元，湄潭县为 21.73 亿元，余庆县为 14.68 亿元，江口县为 13.15 亿元，玉屏县为 12.87 亿元，石阡县为 24.32 亿元，思南县为 32.89 亿元，印江县为 22.81 亿元，德江县为 27.99 亿元，沿河县为 29.67 亿元，松桃县为 31.38 亿元，万山区为 14.16 亿元，碧江区为 23.91 亿元。

2015 年正安县地方财政支出为 26.89 亿元，道真县为 21.70 亿元，务川县为 24.85 亿元，凤冈县为 21.81 亿元，湄潭县为 26.15 亿元，余庆县为 17.49 亿元，江口县为 18.04 亿元，玉屏县为 15.50 亿元，石阡县为 26.09 亿元，思南县为 38.89 亿元，印江县为 29.50 亿元，德江县为 32.07 亿元，沿河县为 36.69 亿元，松桃县为 36.52 亿元，万山区为 16.94 亿元，碧江区为 27.21 亿元（表 3-16）。

表 3-16　2003～2015 年贵州片区地方财政支出　（单位：亿元）

地区	2003 年	2008 年	2009 年	2010 年	2011 年	2012 年	2013 年	2014 年	2015 年
沿河县	2.20	9.26	10.48	13.84	18.00	23.69	26.21	29.67	36.69
德江县	1.97	8.03	9.15	11.97	16.13	20.58	26.33	27.99	32.07
印江县	1.79	6.94	7.96	10.93	14.03	18.13	19.61	22.81	29.50
松桃县	2.23	9.82	11.93	15.95	19.52	26.57	29.81	31.38	36.52

续表

地区	2003 年	2008 年	2009 年	2010 年	2011 年	2012 年	2013 年	2014 年	2015 年
江口县	1.25	4.75	5.30	7.29	9.50	12.20	11.77	13.15	18.04
碧江区	2.00	6.57	7.85	10.86	14.01	18.56	20.72	23.91	27.21
万山区	0.60	2.92	4.10	6.98	7.41	10.12	13.66	14.16	16.94
玉屏县	1.15	3.88	4.64	5.89	8.84	10.68	10.89	12.87	15.50
思南县	2.50	10.02	11.46	15.97	19.60	23.75	27.83	32.89	38.89
石阡县	1.91	7.02	9.04	12.28	15.83	17.47	19.79	24.32	26.09
道真县	1.72	5.70	6.75	8.99	11.23	14.09	14.94	18.06	21.70
务川县	1.86	6.70	7.79	10.38	12.62	15.19	18.77	20.40	24.85
正安县	2.12	8.17	9.51	13.56	15.06	19.05	23.07	23.39	26.89
凤冈县	1.64	6.30	7.28	8.86	11.17	18.01	16.65	17.83	21.81
湄潭县	1.96	7.64	9.03	10.68	12.03	18.01	19.33	21.73	26.15
余庆县	1.52	5.35	6.46	7.15	9.73	12.15	12.98	14.68	17.49
合计	28.42	109.07	128.73	171.58	214.71	278.25	312.36	349.24	416.34

三、农村人均纯收入

2003～2015 年，贵州片区 16 县（区）农村人均纯收入由 1577 元增加到 7629 元，年均增速为 14.04%。

2003 年正安县农村人均纯收入为 1499 元，道真县为 1462 元，务川县为 1395 元，凤冈县为 1727 元，湄潭县为 2207 元，余庆县为 2336 元，江口县为 1403 元，玉屏县为 1909 元，石阡县为 1367 元，思南县为 1265 元，印江县为 1427 元，德江县为 1323 元，沿河县为 1283 元，松桃县为 1417 元，万山区为 1266 元，碧江区为 1950 元。

2008 年正安县农村人均纯收入为 2414 元，道真县为 2231 元，务川县为 2221 元。凤冈县为 1727 元，湄潭县为 3638 元，余庆县为 4100 元，江口县为 2341 元，玉屏县为 3283 元，石阡县为 2460 元，思南县为 2230 元，印江县为 2410 元，德江县为 2195 元，沿河县为 2251 元，松桃县为 2279 元，万山区为 2141 元，碧江区为 3348 元。

2009 年正安县农村人均纯收入为 2660 元，道真县为 2478 元，务川县为 2475 元，凤冈县为 3176 元，湄潭县为 4048 元，余庆县为 4430 元，江口县为 2649 元，玉屏县为 3602 元，石阡县为 2759 元，思南县为 2535 元，印江县为 2611 元，德江县为 2425 元，沿河县为 2552 元，松桃县为 2505 元，万山区为 2473 元，碧江区为 3750 元。

2010年正安县农村人均纯收入为3021元，道真县为2893元，务川县为2830元，凤冈县为3633元，湄潭县为4578元，余庆县为5012元，江口县为3151元，玉屏县为4254元，石阡县为3224元，思南县为2997元，印江县为3026元，德江县为2828元，沿河县为3047元，松桃县为2957元，万山区为2929元，碧江区为4351元。

2011年正安县农村人均纯收入为3701元，道真县为3539元，务川县为3463元，凤冈县为4447元，湄潭县为5841元，余庆县为5268元，江口县为3918元，玉屏县为5216元，石阡县为3874元。思南县为3683元。印江县为3719元，德江县为3503元，沿河县为3713元，松桃县为3680元，万山区为3593元，碧江区为5339元。

2012年正安县农村人均纯收入为4333元，道真县为4137元，务川县为4052元，凤冈县为5211元，湄潭县为6816元，余庆县为6147元，江口县为4662元，玉屏县为6092元，石阡县为4521元，思南县为4335元，印江县为4396元，德江县为4138元，沿河县为4370元，松桃县为4346元，万山区为4229元，碧江区为6310元。

2013年正安县农村人均纯收入为5070元，道真县为4833元，务川县为4733元，凤冈县为5873元，湄潭县为7654元，余庆县为6931元，江口县为5385元，玉屏县为6982元，石阡县为5253元，思南县为5012元，印江县为5113元，德江县为4783元，沿河县为5048元，松桃县为4995元，万山区为4881元，碧江区为7301元。

2014年正安县农村人均纯收入为6786元，道真县为6785元，务川县为6757元，凤冈县为7711元，湄潭县为9144元，余庆县为8061元，江口县为6162元，玉屏县为7921元，石阡县为6148元，思南县为5996元，印江县为6037元，德江县为5907元，沿河县为5960元，松桃县为5915元，万山区为6119元，碧江区为8458元。

2015年正安县农村人均纯收入为7560元，道真县为7572元，务川县为7534元，凤冈县为8498元，湄潭县为10 113元，余庆县为8883元，江口县为6787元，玉屏县为8709元，石阡县为6834元，思南县为6677元，印江县为6650元，德江县为6600元，沿河县为6640元，松桃县为6593元，万山区为7001元，碧江区为9410元（表3-17）。

表3-17　2003～2015年贵州片区农村人均纯收入　（单位：元）

地区	2003年	2008年	2009年	2010年	2011年	2012年	2013年	2014年	2015年
沿河县	1 283	2 251	2 552	3 047	3 713	4 370	5 048	5 960	6 640
德江县	1 323	2 195	2 425	2 828	3 503	4 138	4 783	5 907	6 600

续表

地区	2003 年	2008 年	2009 年	2010 年	2011 年	2012 年	2013 年	2014 年	2015 年
印江县	1 427	2 410	2 611	3 026	3 719	4 396	5 113	6 037	6 650
松桃县	1 417	2 279	2 505	2 957	3 680	4 346	4 995	5 915	6 593
江口县	1 403	2 341	2 649	3 151	3 918	4 662	5 385	6 162	6 787
碧江区	1 950	3 348	3 750	4 351	5 339	6 310	7 301	8 458	9 410
万山区	1 266	2 141	2 473	2 929	3 593	4 229	4 881	6 119	7 001
玉屏县	1 909	3 283	3 602	4 254	5 216	6 092	6 982	7 921	8 709
思南县	1 265	2 230	2 535	2 997	3 683	4 335	5 012	5 996	6 677
石阡县	1 367	2 460	2 759	3 224	3 874	4 521	5 253	6 148	6 834
道真县	1 462	2 231	2 478	2 893	3 539	4 137	4 833	6 785	7 572
务川县	1 395	2 221	2 475	2 830	3 463	4 052	4 733	6 757	7 534
正安县	1 499	2 414	2 660	3 021	3 701	4 333	5 070	6 786	7 560
凤冈县	1 727	1 727	3 176	3 633	4 447	5 211	5 873	7 711	8 498
湄潭县	2 207	3 638	4 048	4 578	5 841	6 816	7 654	9 144	10 113
余庆县	2 336	4 100	4 430	5 012	5 268	6 147	6 931	8 061	8 883
平均	1 577	2 579	2 946	3 421	4 156	4 881	5 615	6 867	7 629

由图 3-10 可知，在贵州片区 16 个县（区）中，农村人均纯收入年均增速最快的为万山区，年均增速达到了 15.32%。其次为务川县，年均增速为 15.09%。农村人均纯收入年均增速位列第三位的是思南县，年均增速为 14.87%。农村人均纯收入年均增速低于贵州片区平均水平的县（区）有 6 个，分别是湄潭县、玉屏县、余庆县、碧江区、印江县、松桃县。

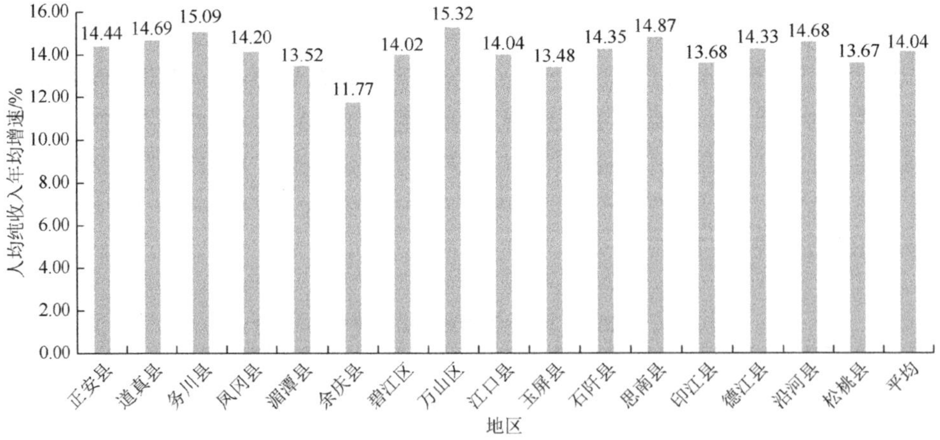

图 3-10　2003～2015 年贵州片区农村人均纯收入年均增速

四、城镇化率

2003 年贵州片区城镇化率为 16.15%，2007 年为 31.15%，2008 年为 33.11%，2012 年为 36.37%；2013 年为 37.79%；2014 年为 38.9%；2015 年为 40.38%。

由图 3-11 可知，在国家推进新型城镇化建设的背景下，贵州片区城镇化率稳步上升，2003～2015 年，城镇化率上升了近 24 个百分点，但是，相对全国城镇化化速度偏缓。

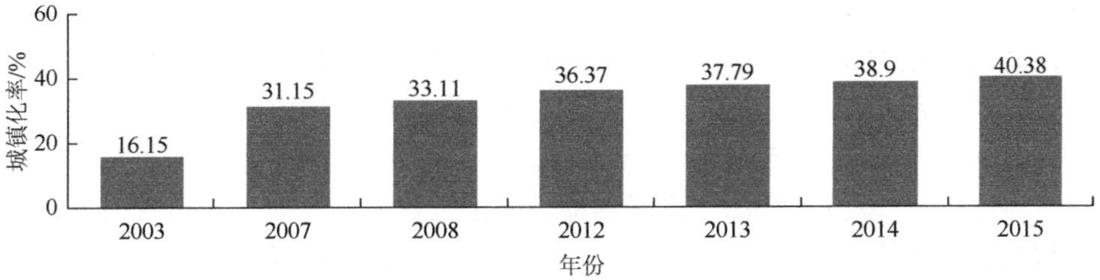

图 3-11　2003～2015 年贵州片区城镇化率

第四章　武陵山片区多维贫困度量及其空间表征

多维贫困的概念是随着贫困理论的发展而逐渐被提出来的。Sen 是较早明确提出从多维角度来认识贫困与发展问题的学者，并于 1998 年获得诺贝尔经济学奖。从多维贫困理论创立之后，贫困的测度就从单一维度转向了多维维度，关于多维贫困的研究也逐渐多起来。

国外对多维贫困的研究多集中于两个方面，一方面是构建多维贫困指数的理论，如有学者从不同的角度对多维贫困的维度和测度的构建问题进行了研究。另一方面是运用多维贫困指数进行实证测算研究，如有学者对非公理化标准、Watts 多维贫困指数、"双界线"法、贫困测量等理论进行了实证研究。国内关于多维贫困的研究集中于近几年，一是陈立中（2008）、叶初升和王红霞（2010）、邹薇和方迎风（2011）、李飞等（2013）、张全红等（2014）学者对多维贫困的研究进行了总结或者述评；二是王小林和 Sabina Alkire（2009）、侯卉等（2012）学者运用指数进行测量研究，对贫困重点县等多维贫困的维度和测量进行了研究，并且进一步发现原因，指出政策指导意见。

武陵山片区在 2011 年被国家确定为扶贫示范区后，一直是学术界贫困研究所关注的重点区域。学者从不同尺度、不同角度及深度对多维贫困问题进行了研究。陈琦（2012）以武陵山片区为例，分析了连片特困地区农村贫困的多维测量及政策意涵。李雪萍和王蒙（2014）基于武陵山区的实证调查与理论分析，研究了多维贫困"行动-结构"分析框架下的生计脆弱。丁建军（2014）以保靖县黄金村为例，研究了连片特困区农村专业化发展的多维减贫效应。田伟（2014）以湘西州永顺县高坪乡为例，对连片特困区乡村多维贫困及综合治理进行了研究。谭银清等（2015）分析了武陵山片区多维贫困的测量、分解及政策蕴含。郭辉等（2015）研究了重庆市黔江区贫困村多维测算模型的构建与应用。

通过对文献梳理可以发现，国内学者对多维贫困的研究多基于国外的研究，现有的研究深度不够，而且重复研究较多。在对武陵山片区多维贫困研究时，多以武陵山片区中一个地区或县为例进行研究，较少对武陵山片区六大中心地级市（州、区）[恩施土家族苗族自治州（简称恩施州）、张家界市、湘西州、怀化市、铜仁市、渝东南区] 进行研究。基于此，本章从多维贫困出发，以武陵山片区的六个中心市（州、区）为研究对象，并且对这六个中心市（州、区）多维贫困的整体空间表征进行分析。

第一节　多维贫困的理论演化

马克思从资本主义生产方式的角度阐释了绝对贫困和相对贫困的问题，后来许多学者对贫困问题进行了探讨，特别是阿马蒂亚·森提出能力贫困的概念以后，学者从不同的角度研究了贫困问题，使贫困问题包含了更多范畴的内容，同时，对多维贫困的解读也随着关注维度的不同而存在较大的差异。

（一）从经济增长角度考虑多维贫困问题

关注经济收入、物质生活水平指标的学者从经济增长的角度考虑贫困发生机制，如纳克斯的贫困恶性循环理论认为低收入-低资本形成-低收入之间存在一个恶性循环；纳尔逊的低水平均衡陷阱理论提出发展中国家由于资本稀缺、人均收入水平低，一直处于一种低水平均衡；缪尔达尔的累积性贫困理论认为收入水平过低是导致发展中国家贫困的重要原因之一，在社会、经济、政治和制度等多种因素的影响下，贫困地区资本稀缺使资本形成不足，导致低收入水平并使其一直累积循环。

（二）从人力资本角度考虑多维贫困问题

关注教育程度、健康状况指标的学者从人力资本的角度提出：人的能力和素质对贫富起着关键的作用；这些学者认为知识、技术能力、体能等正是人力资本的主要表现，使不少学者认为人力资本投资（黄敬宝，2004）、贫困代际联系（谢勇和李放，2008）、劳动力市场对技能的供给和需求是多维贫困发生与否的重要影响因素。研究表明，人力资本各种相关因素的共同作用决定了个人收入，并导致收入不平等现象的发生，进而影响个人的贫困状况。

（三）从宏观制度角度考虑多维贫困问题

宏观制度主要是从社会资本与政府政策的角度去探讨贫困问题。有学者认为社会资本中的关系网络有助于人力资本的形成，而社会资本与人力资本的累积之间存在正相关关系，从而提出要把支持贫困者累积社会资本作为反贫困的重要行动之一。也有学者认为在劳动力市场中，社会资本具有收入增进效应，相比较而言，贫困者会保持低收入状态，非贫困者则处于收入向上流动状态。21 世纪以来，各国政府的政策制度也越来越关注贫困问题，特别是我国对 14 个连片特困地区更加注重政策性扶贫。

（四）从空间地理角度考虑多维贫困问题

有学者从空间地理角度来考察多维贫困的发生，将地理因素融入贫困研究中。哈里斯和缪尔达尔提出了空间贫困理论，强调贫困与空间地理之间的联系。例如，某一地区的区位条件决定了其与基础设施的距离，进而影响基础设施资源获取的便利程度和多维贫困的发生；在生态条件方面，土地质量、年降水量、温差以及季节的变化等均会影响经济发展，从而影响贫困问题；在地区有无政策倾斜性方面，优惠政策对多维贫困的发生有着重要作用。

基于上述分析，本节对多维贫困的演化理解分两个层次：一是多维贫困是一个多因素的联合作用机制，它包括经济程度、人力资本、政策制度和空间地理等因素；二是联合作用机制影响微观层面贫困的跨期变动，即多维贫困的动态演化。

第二节　研究区概况、数据来源与研究方法

一、研究区概况

武陵山片区是我国 14 个连片特困地区之一，主要包括武陵山脉中的湖南省、湖北省、贵州省和重庆市的一些县（市、区），其集多民族聚集地区、革命老区、老少边穷地区于一体。根据《武陵山片区区域发展与扶贫攻坚规划（2011—2020 年）》，武陵山片区主要包括 71 个县（市、区），其中湖南省 37 个、湖北省 11 个、贵州省 16 个和重庆市 7 个，辖区总面积为 17.18km^2，占全国国土面积的 1.79%，共有行政村 23 032 个，确定国家贫困村为 11 303 个，占全国贫困村的 7.64%。片区共有 42 个国家重点扶贫县、13 个省级重点扶贫县，贫困发生率为 11.21%，比全国高出 7.41%。片区的经济发展水平不高、区域发展不平衡、贫困程度深、贫困面广，并且在住房、医疗、教育、文化等软硬件建设方面存在严重不足，是典型的连片特困地区，对片区进行贫困研究具有重要的理论价值及现实意义。片区的扶贫攻坚首先是要进行贫困状况的了解及贫困人口的识别。以往对贫困人口的识别主要是根据人均纯收入来衡量，但是随着社会的进步、科技的发展、人类观念的改变，贫困不再局限于经济贫困，同时扩展到了教育、健康、生活水平、资产占有等方面，与《中国农村扶贫开发纲要（2011—2020 年）》中“两不愁、三保障”的减贫目标相吻合，实质上就是从多维度的视角去研究贫困。

二、数据来源

本研究主要是选取武陵山片区中六大中心地级市（州、区）（张家界市、湘西州、怀化市、恩施州、铜仁市和渝东南区）进行研究。数据主要来源于《中国统计年鉴》、《张家界统计年鉴》、《湘西统计年鉴》、《怀化统计年鉴》、《恩施州统计年鉴》、《铜仁统计年鉴》和《重庆统计年鉴》以及 2015 年六大地级市（州、区）扶贫办抽样入户调查数据，调查内容主要包括家庭收入、家庭资产、房屋框架、饮水情况、燃料类型、身体健康及教育等方面。抽样方法为“市—县—乡镇—村—户”各级均匀抽样，六大中心地级市（州、区）共覆盖 910 个行政村数据。为了验证空间插值法模拟武陵山片区空间布局的准确性，把数据分成了两部分，即一部分为样本数据，另一部分为验证数据，数据分布具体见表 4-1。研究开始前对数据进行了查漏、剔除和配准等处理。

表 4-1　抽样调查数据情况

地区	样本数据			验证数据		
	县/个	行政村/个	县覆盖率/%	县/个	行政村/个	县覆盖率/%
张家界市	4	89	100	3	60	75
湘西州	7	102	87.5	5	61	62.5
怀化市	8	126	66.7	7	86	58.3
恩施州	6	67	75	4	52	50
铜仁市	7	108	70	4	69	40
渝东南区	4	53	57.1	3	37	42.9
合计	36	545	73.5	26	365	53.1

三、研究方法

贫困是指人的饮食、生活条件、教育、舒适等方面受到剥夺而不能正常获取社会公认的资源，并陷入贫穷的一种状态。本节以 2015 年入户调查数据为样本，运用 2011 年 Sabina Alkire 和 James Foster 提出的多维贫困测算方法对贫困进行识别、加总和分解，这种方法相比其他多维贫困测算法更加科学与合理，并通过空间插值法来完善调查数据不能覆盖整个研究区域的不足之处，进一步研究武陵山片区多维贫困的空间分布情况。

（一）多维贫困测算

1. 多维贫困测算指标

AF 多维贫困测算的维度及指标主要针对全球，由于各个国家的国情不一样，所关注的重心也可能不一样，选取多维贫困的识别指标可能相差甚远。本研究以国际上的多维贫困维度与指标为基础，入户调查数据为依据，参照国内外提出的各种指标体系，建立如表 4-2 所示的维度指标及剥夺临界值与赋值的多维贫困测算指标体系。

表 4-2　多维贫困测算指标体系

维度	指标	剥夺临界值
经济收入	人均纯收入	若 2015 年家庭人均纯收入低于 2800 元标准，赋值为 1，否则为 0
生活水平	房屋结构	若房屋为砖木结构或钢筋混凝土结构，赋值为 0，否则为 1
	饮水情况	若饮用水水源有污染或饮水有困难，赋值为 1，否则为 0
	通电情况	若是非用电户，赋值为 1，否则为 0
	资产情况	若家用电器（电视、冰箱、电脑、电扇、空调）等少于两件，且没有小汽车等交通工具，赋值为 1，否则为 0
	燃料类型	若使用柴草、秸秆等作为生活燃料，赋值为 1，否则为 0
健康状况	家庭健康	若家庭健康状况很差或有一个成员为重病，赋值为 1，否则为 0
教育程度	教育年限	若家庭成员的平均教育年限小于 9 年，赋值为 1，否则为 0

2. 多维贫困测算方法

设计一个 $n \times d$ 维矩阵，即 $M^{n,d}$，且 $x_{ij} \in M^{n,d}$，$i=1,2,\cdots,n$；$j=1,2,\cdots,d$；x_{ij} 为第 i 个调查户在维度 j 上的取值，即行向量表示第 i 个调查户在所有维度上的取值，而列向量表示在维度 j 上各调查户的取值。具体算法见表 4-3。

表 4-3　多维贫困测算变量释义

变量名	释义
剥夺临界值 z	$z(1 \times d)$ 为测定各指标是否被剥夺的阈值
剥夺矩阵 $\boldsymbol{g}^0$	$\boldsymbol{g}^0(n \times d)$ 为用来存储贫困个体被剥夺的情况。如果贫困个体在某一指标下是被剥夺的，赋值为 1，否则，赋值为 0
贫困临界值 k	k 为确定是贫困个体的维度数。其中，$0 \leqslant k \leqslant d$，多维贫困测算 k 一般取值 $2 \sim d$
已删减矩阵 $\boldsymbol{g}^0(k)$	$\boldsymbol{g}^0(k)$ 为用来存储贫困个体被剥夺的情况。与剥夺矩阵的区别在于已删减矩阵对剥夺矩阵中非贫困个体被剥夺的指标进行了归零处理

续表

变量名	释义
贫困发生率 H	$H=q/n$，式中，q 为多维贫困人口；n 为研究区域总人口
平均剥夺程度 A	$A=\frac{\sum_{i=1}^{n}C_i(k)}{q}$，式中，$C_i(k)$为在贫困临界值为 k 的情况，个体 i 被剥夺的指标数量；q 为多维贫困人口
多维贫困指数 MPI	MPI 为一个地方贫困状况的综合性指标，公式为 $\mathrm{MPI}=HA$
指标贡献度	指标贡献度$=\frac{w_i\mathrm{CH}_i}{\mathrm{MPI}}$，式中，$w_i$ 为第 i 指标的权重值；CH_i 为第 i 指标被剥夺的人口率

（二）基于 Kriging 法多维贫困空间格局分析

（1）在整个研究区域内，区域化变量 $Z(x)$的数学期望存在，且等于常数，即

$$E[Z(x),Z(x+h)]=m \text{（常数）}, \quad \forall x \tag{4-1}$$

（2）在整个研究区域内，区域化变量 Z（x）的协方差函数存在且相同，即仅依赖间隔 h 而与 x 无关：

$$\mathrm{Cov}\{Z(x),Z(x+h)\}=E[Z(x)\cdot Z(x+h)]-m^2=C(h),\forall x,\forall h \tag{4-2}$$

（3）无偏性条件。若 Z_0^* 为 Z_0 的无偏估计量，就要保证 $E\left[Z_0^*-Z_0\right]=0$，由此得到无偏条件为 $\sum_{i=1}^{n}\lambda_i=1$。

（4）Kriging 方程组。Kriging 方程如下：

$$\begin{cases}\dfrac{\partial F}{\partial \lambda_i}=2\sum_{i=1}^{n}\lambda_i C_{i,j}-2C_{i,0}-2\mu=0(i=1,2,\cdots,n)\\ \dfrac{\partial F}{\partial \mu}=-2\left(\sum_{i=1}^{n}\lambda_i-1\right)=0\end{cases} \tag{4-3}$$

针对独立样本的预测数据进行精度验证：研究区域内通过 Kriging 法插值后预测数据与验证数据是否相符合。首先是做出假设，即 $H_0:u_0=u_1,\sigma_0^2=\sigma_1^2$和 $H_1:u_0\neq u_1,\sigma_0^2\neq\sigma_1^2$；再通过 t 检验及 F 检验证明是否具有显著性。

第三节　测算结果与分析

一、研究区贫困测算结果

（一）单一维度的贫困测算结果

为了更好地说明多维贫困问题，首先对单维贫困问题进行测量，具体见表 4-4。通过对表 4-4 分析，武陵山片区六大中心地级市（州、区）面临的贫困问题主要是燃料类型贫困、人均纯收入贫困和教育年限贫困，其中有 88%的家庭还在使用柴草、秸秆，人均纯收入水平低于 2015 年国家贫困线 2800 元标准的家庭占 57.7%，家庭成员的平均教育年限小于 9 年的家庭占 48.1%。资产情况、家庭健康、房屋结构、饮水情况、通电情况等受剥夺的情况相对较低，其中仅有 0.7%的家庭未通电，说明国家对武陵山片区的基本生活条件非常重视，饮用水水源有污染或饮水有困难的家庭占 12.3%，虽然比例不高，但是与往年相比呈增长趋势，这与当地发展经济存在着一定的关系，使原生态的水也遭到了一些破坏。

表 4-4　单一维度贫困测量

地区	人均纯收入	房屋结构	饮水情况	通电情况	资产情况	燃料类型	家庭健康	教育年限
张家界市	0.619	0.284	0.086	0.011	0.351	0.938	0.203	0.528
湘西州	0.635	0.125	0.055	0.007	0.232	0.906	0.189	0.605
怀化市	0.756	0.086	0.095	0.002	0.112	0.759	0.112	0.381
恩施州	0.567	0.247	0.131	0.008	0.196	0.897	0.286	0.514
铜仁市	0.486	0.181	0.165	0.005	0.268	0.832	0.322	0.463
渝东南区	0.398	0.318	0.206	0.009	0.386	0.945	0.398	0.397
平均	0.577	0.207	0.123	0.007	0.258	0.880	0.252	0.481

（二）多维度的贫困测算结果

从前面的分析能够发现，研究区明显存在多维贫困现象。为了更准确地识别贫困家庭，通过第二节的研究方法对武陵山片区六大中心地级市（州、区）进行多维贫困测算，得到如表 4-5 所示的结果。结果表明，武陵山片区单一维度贫困（$k=1$）发生的概率相当高，贫困发生率 H 值为 0.913，即 91.3%的调查对象至少存在着某一个维度的贫困状况。对多维度的贫困测算结果进行分析，贫困临界值 $k=2$ 时，78.6%的调查对象至少存在着两个维度的贫困状况；$k=3$ 时，70.9%的调查对象有三个维度的贫困状况。随着 k 值的增加，多维贫困指数在减小，通过观察可以发现，研究区存在六个及以上维度贫困的状况并不多见，且不存在八个维度都贫困的情况。根据《人类发展报告》(*Human Development Reports*，*HDR*)，一个人若有 33%以上的权重指标被剥夺则视为多维贫困，本测量中可以近似地认为 $k=3$ 时，存在至少 3 个维度贫困则为贫困人口。表 4-5 数据表明，$k=3$ 时，贫困发生率达到 70.9%，多维贫困指数为 0.316，平均剥夺程度为 0.556。

表 4-5 研究区贫困发生率、多维贫困指数及平均剥夺程度

k	贫困发生率（H）	多维贫困指数（MPI）	平均剥夺程度（A）
1	0.913	0.375	0.435
2	0.786	0.343	0.489
3	0.709	0.316	0.556
4	0.401	0.205	0.678
5	0.172	0.138	0.726
6	0.089	0.067	0.802
7	0.004	0.001	0.884

综合分析，武陵山片区农村家庭存在多个维度贫困的问题，贫困发生率也较高。此外，从表 4-5 还可以分析出武陵山片区的贫困表现出多样性、交叉性、连片性等特征。

（三）多维度的贫困分解

当 $k=3$ 时，对武陵山片区六大中心地级市（州、区）按照指标进行分解，并且对各自的结果进行详细的分析。以人均纯收入指标在武陵山片区六大中心地级市（州、区）分解结果来说明，收入指标在多维贫困指数中贡献了 0.094，贡献率达 47.507%，若将人均纯收入指标的贡献与其他指标的贡献相加可得武陵山片区扶贫重点市（州）的多维贫困指数 0.316，与前文计算结果一致，贡献率合计则为 100%。房屋结构、饮水情况、通电情况、资产情况、燃料类型、家庭健康、教育年限七个指标在多维贫困指数中贡献了 0.042、0.018、0.007、0.026、0.043、0.034、0.052，贡献率分别为 7.242%、5.193%、0.624%、4.547%、12.365%、6.668%、15.854%（表 4-6）。

表 4-6　研究区多维贫困指数对不同指标的分解结果

指标	张家界市		湘西州		怀化市		恩施州		铜仁市		渝东南区		武陵山片区	
	贡献	贡献率/%	贡献	贡献率/%	贡献	贡献率/%	贡献	贡献率/%	贡献	贡献率/%	贡献	贡献率/%	贡献	贡献率/%
人均纯收入	0.109	46.345	0.113	51.326	0.118	60.025	0.098	45.526	0.086	42.857	0.079	38.965	0.094	47.507
房屋结构	0.043	8.133	0.052	6.065	0.056	5.088	0.049	8.048	0.042	7.865	0.038	8.252	0.042	7.242
饮水情况	0.012	3.212	0.013	2.303	0.015	0.569	0.020	6.757	0.039	8.952	0.053	9.367	0.018	5.193
通电情况	0.011	0.821	0.011	0.598	0.012	0.462	0.008	0.652	0.005	0.556	0.001	0.653	0.007	0.624
资产情况	0.034	5.334	0.038	4.322	0.034	3.465	0.025	4.024	0.019	4.567	0.014	5.570	0.026	4.547
燃料类型	0.058	13.581	0.067	12.452	0.053	10.374	0.043	12.259	0.038	11.876	0.039	13.645	0.043	12.365
家庭健康	0.049	6.246	0.041	5.388	0.048	5.256	0.036	6.665	0.029	7.764	0.037	8.691	0.034	6.668
教育年限	0.063	16.328	0.076	17.546	0.056	14.761	0.047	16.069	0.040	15.563	0.035	14.857	0.052	15.854
合计	0.379	100.00	0.411	100.00	0.392	100.00	0.326	100.00	0.298	100.00	0.296	100.00	0.316	100.00

综合比较各指标的贡献及贡献率发现，人均纯收入、教育年限、燃料类型在贡献和贡献率上排名比较靠前，同时这与本研究单一维度的贫困测算结果也十分吻合，其他的排名依次为房屋结构、家庭健康、资产情况、饮水情况、通电情况。通过综合分析比较，对武陵山片区扶贫重点市（州）贫困的状况进行了科学把握，人均纯收入问题仍然是武陵山片区最为严重的贫困问题，这也就确定了武陵山片区六大中心地级市（州、区）今后扶贫、反贫困工作努力的方向和重心。实现武陵山片区的脱贫致富，还需要从增加人均纯收入、提高片区农村家庭受教育水平、改善燃料的类型等多个方面入手。

二、研究区多维贫困状况空间格局分析

从上文的测算结果能够发现，不同指标下多维贫困指数及贫困发生率都有一定的差异，武陵山片区中六大中心地级市（州、区）的贫困类型也存在一定差异。由此，通过 Kriging 法对非采样数据进行模拟，以进一步探讨研究区多维贫困的空间格局，了解研究区的贫困类型，从而为扶贫提供一定的理论依据和技术支持。

（一）Kriging 各参数取值

本研究的样本采集点最大跨度约为 520km，因此所设置的步长和个数的乘积最大值要小于 260km，并且通过反复调适，步长设置为 17 325m，个数为 15。领域搜索 Sector 选择偏 55°的椭圆（长短轴的大小为默认），每个扇区的样点数为 2～5 个。

本研究是对较大尺度范围内（市地级）的空间插值进行研究，因此，主要的精度评价指标是平均误差与均方根误差，同时参考平均标准误差、标准化平均误差等方面进行综合考量。具体结果见表 4-7，贫困发生率的半变异函数模型为 RQ 时，插值精度最高，多维贫困指数的半变异函数模型为 Hole Effect 时，插值精度最高。

表 4-7　不同半变异函数空间插值结果的精度评价

半变异函数模型	平均误差		均方根误差		平均标准误差		标准化平均误差		标准化均方根误差	
	H	MPI	*H*	MPI	*H*	MPI	*H*	MPI	*H*	MPI
Circular	0.0021	0.0015	0.2580	0.1654	0.2677	0.1658	0.0549	0.0185	1.0486	1.0456
Spherical	0.0020	0.0013	0.2589	0.1656	0.2701	0.1656	0.0546	0.0164	1.0478	1.0458
Exponential	0.0015	0.0016	0.2477	0.1583	0.2653	0.1560	0.0478	0.0176	0.9997	0.9524
Gaussian	0.0020	0.0009	0.2532	0.1630	0.2712	0.1598	0.0512	0.0125	1.0152	0.9896
RQ	0.0004	0.0005	0.2436	0.1522	0.2635	0.1523	0.0388	0.0049	1.0120	0.9760
Hole Effect	0.0014	0.0003	0.2402	0.1501	0.2567	0.1509	0.0456	0.0098	1.0402	1.0352
K-Bessel	0.0019	0.0009	0.2454	0.1574	0.2639	0.1545	0.0401	0.0103	0.9968	0.9655

（二）研究区多维贫困空间表征

1. 独立样本 *t* 检验与 *F* 检验

使用独立样本 *t* 检验与 *F* 检验来证明贫困模拟的准确性，对预测数据和验证数据进行验证，结果见表 4-8。

表 4-8　独立样本 *t* 检验

指标		方差方程的 Levene 检验		均值方差的 *t* 检验		
		F	Sig.	*t*	df	Sig.（双侧）
H	假设方差相等	3.658	0.154	−0.519	98	0.695
	假设方差不相等			−0.519	90.786	0.695
MPI	假设方差相等	2.357	0.248	−0.472	98	0.723
	假设方差不相等			−0.472	90.977	0.723

通过检验结果发现，$F=3.658$（贫困发生率）、$F=2.357$（多维贫困指数），其相对应的 Sig. 分别为 0.154，0.248，且均大于 0.1，因此，原假设成立，即预测数据和验证数据没有显著性差异；同时发现，$t=-0.519$（贫困发生率）、$t=-0.472$（多维贫困指数），其相应的双侧显著性概率都分别为 0.695、0.723，且均大于 0.05，说明两组数据也不存在显著性差异。因此，两组数据是无偏的，本研究能够运用 Kriging 方法。

2. 多维贫困空间表征

按市（州、区）分解，利用 Kriging 法插值得到贫困发生率与多维贫困指数，本研究并用等级法对这两项指标进行了分级。贫困发生率较高的是怀化市与湘西州多数地区，次之的是张家界市与恩施州，最低的是铜仁市与渝东南区。多维贫困指数最高的是湘西州，怀化市与张家界市次之，恩施州与铜仁市排名第三，最低的是渝东南区。

由于已经对武陵山片区中六大中心地级市（州、区）多维贫困指标的贡献及贡献率进行了分析，按从大到小进行排序，排名前三位的是人均纯收入、教育年限、燃料类型。这表明张家界市、湘西州、怀化市、恩施州、铜仁市、渝东南区的多维贫困问题主要表现为这三方面，其总计贡献度达到了 75%，加之，《中国农村扶贫开发纲要（2011—2020 年）》对这三项贫困指标问题也非常重视，下面就这三项贫困指标研究不同市（州、区）各指标对武陵山片区 MPI 的贡献度分布情况。

人均纯收入对 MPI 的贡献度空间分布存在一定差异，渝东南区人均纯收入对 MPI 的贡献度最低，湘西州与张家界市对收入的需求比较高，最高的是怀化市；还可以发现，渝东南区的燃料类型问题较严重，紧接其后的是张家界市与湘西州，怀化市相对较低；整体来说，武陵山片区存在着共同的教育年限问题，也是国家对连片特困地区非常关注的一个问题，相对其他地区来说，湘西州没有达到 9 年义务教育的家庭占比稍高一些。

其余 5 项指标的排序在六大中心地级市（州、区）表现也不太一致。

张家界市，其余 5 项指标按照其对应的贡献率进行从大到小的排序依次为：房屋结构、家庭健康、资产情况、饮水情况、通电情况。

湘西州，其余 5 项指标按照其对应的贡献率进行从大到小的排序依次为：房屋结构、家庭健康、资产情况、饮水情况、通电情况。与张家界市呈现相同的结果。

怀化市，其余 5 项指标按照其对应的贡献率进行从大到小的排序依次为：家庭健康、房屋结构、资产情况、饮水情况、通电情况。

恩施州，其余 5 项指标按照其对应的贡献率进行从大到小的排序依次为：房屋结构、饮水情况、家庭健康、资产情况、通电情况。

铜仁市，其余 5 项指标按照其对应的贡献率进行从大到小的排序依次为：饮水情况、房屋结构、家庭健康、资产情况、通电情况。

渝东南区，其余 5 项指标按照其对应的贡献率进行从大到小的排序依次为：饮水情况、家庭健康、房屋结构、资产情况、通电情况。

通过综合比较分析，可以发现武陵山片区的六大中心地级市（州、区），不同地区贫困指标有些差异。例如，怀化市的家庭健康贡献率高于房屋造构、资产情况、饮水情况、通电情况相对应的贡献率，这表明怀化市在面对反贫困问题时要考虑家庭健康的因素。渝东南区饮水情况贡献率高于家庭健康、房屋造构、资产情况、通电情况相对应的贡献率，这表明渝东南区在实现脱贫致富的路上要对饮水问题进行关注。

第四节　结论与建议

连片特困地区是国家扶贫规划的重点地区，对连片特困地区多维贫困度测量和空间分布分析是对贫困状况的把握和对贫困人口的识别，同时也是在为政策的制定提供科学的依据。本章运用 2011 年 Sabina Alkire 和 James Foster 提出的多维贫困测算方法，对贫困进行识别、加总和分解，设计了一套包含四个维度（经济收入、生活水平、健康状况、教育程度）八项指标（人均纯收入、房屋结构、饮水情况、通电情况、资产情况、燃料类型、家庭健康、教育年限）的贫困人口多维测算指标体系。同时以武陵山片区扶贫重点市（州、区）为例，进行了空间表征分析。

一、结论

通过对武陵山片区多维贫困度量及空间表征分析，得出如下结果。

（1）单一维度贫困测量结果表明，武陵山片区中六大中心地级市（州、区）面临的贫困问题主要是燃料类型贫困、人均纯收入贫困和教育年限贫困，武陵山片区的基本生活条件情况相对较好，但值得注意的是，饮用水水源有污染或饮水有困难的家庭所占的比例在逐年升高，饮水情况关系家庭人口的身体健康等众多方面，这点应当引起相关部门的关注和重视。

（2）多维度贫困测量结果表明，武陵山片区农村家庭存在多维贫困，多维贫困家庭达到了较高的比例，贫困发生率达到 70.9%，多维贫困指数为 0.316，平均剥夺程度为 0.556。此外，还发现武陵山片区的贫困呈现多样性、交叉性、连片性等特征。

（3）按维度指标分解的结果表明，人均纯收入、教育年限、燃料类型在贡献和贡献率上排名比较靠前，武陵山片区实现脱贫致富，还需要从增加人均纯收入、提高片区农村家庭受教育水平、改善燃料的类型等多个方面入手。

（4）武陵山片区的六大中心地级市（州、区），除人均纯收入、教育年限、燃料类型外，其余 5 项指标贡献及相对应的贡献率也出现了差异，这表明各市（州、区）多维贫困的表现不同，相应地，在进行反贫困的工作努力方向中也要体现出不同。

（5）通过对研究区域多维贫困空间分布分析，发现地处武陵山片区的湘西州、怀化市的农村多维贫困问题比较严重。

二、建议

（1）降低多维贫困贡献率，从多维度脱离贫困。从降低多维贫困指标贡献及贡献率的角度来看，对于六大中心地级市（州、区）来说，要针对排名前三位的指标：人均纯收入、教育年限、燃料类型（其总计贡献率达到了 75%）特别扶持。首先，需要千方百计地增加贫困家庭人均收入，给当地居民提供就业机会，让民众实现靠自身的能力去创造财富；其次，要花费精力提升贫困家庭的受教育年限，以便最大限度地降低多维扶贫工作对人才需求的缺口，让当地民众有能力胜任高要求的工作岗位；最后，燃料类型维度的贫困反映的是基础设施和基本服务的缺失，因此要对一些基础设施方面进一步改进。

（2）针对地区间贫困指标贡献率的差异，制定不同的扶贫政策。在坚持对三大指标重点改进的基础上，结合各地区贫困指标间的差异，特别是湘西州、怀化市的农村多维贫困问题比较严重，要重点解决贡献率相对较大的指标以降低其对多维贫困的贡献。湘西州要在房屋结构上下功夫，扩大房屋空间规模和保障最基本的生活设施配备，满足居民生活需要和自我发展的需要；怀化市要考虑家庭健康维度因素，普及健康知识，倡导养成健康的饮食习惯，不仅要吃饱，还要吃好、吃对；渝东南区则要对饮水问题进行关注，严格控制生活污水的排放，限定有害化肥和农药的使用，组织水质监测以加大对饮水质量的把控并及时管理，解决居民安全用水问题，从而能够较快地减少其对多维贫困的贡献率。

（3）用区域间的平衡发展来降低贫困发生率高的地区面临的高水平剥夺。从多维贫困发生率来看，武陵山片区扶贫工作的重点区域依然是在农村，缩小各个地区城市与农村之间的差距，提高片区农村家庭享受经济发展成果的比例至关重要。给有能力、有意愿的农村贫困人口提供到城市就业和学习的机会，并且要充分保障他们的合法权益，只有参与到经济发展中来才不会失去区域经济发展的机会。从区域发展来看，多维贫困发生率最高的地区是怀化市和湘西州，而较低的是铜仁市和渝东南区，这些地区面临的贫困剥夺水平也有很大的差异。只有区域间共享发展成果，才能降低贫困发生率高的地区面临的较高水平的剥夺，才能有效地降低片区多维贫困平均剥夺水平。

（4）加大对贫困人口自我发展能力的培养。通过分析各个维度贫困指数，发现六大中心地级市（州、区）人均纯收入贫困指标对多维贫困指数的贡献及贡献率最大，特别是怀化市，在 $k=3$ 的贫困剥夺水平下，人均纯收入指标的贡献率达到了 60.025%，最低的渝东南区，也达到 38.965%。多年来政府在武陵山片区一直开展扶贫攻坚工作，其中政府、社会组织及贫困人群自身是主要参与者，政策倾斜、社会投资给当地发展带来很大的改变，可是贫困问题依然存在，人均纯收入依然很低。总的来说，贫困人群之所以在多个维度都受到剥削，自身能力不足是制约其脱贫的关键因素，而贫困人口自身能力的不足是受教育程度不高的直接体现。不仅要重视学校教育，更要加强对贫困人口的职业能力培训，让已参加工作但能力不足的贫困人群也去接受教育，增强自我发展能力。

第五章　武陵山片区教育发展状况

第一节　高 等 教 育

一、总体情况

2016 年 6 月 3 日教育部发布了全国高等学校名单，全国高等学校共计 2879 所，其中武陵山片区的高等学校有 15 所。武陵山片区本科学校有 7 所，包括吉首大学、吉首大学张家界学院（民办）、怀化学院、湖南医药学院、湖北民族学院[①]、湖北民族学院科技学院[②]（民办）以及铜仁学院。武陵山片区专科学校有 8 所，包括张家界航空工业职业技术学院、恩施职业技术学院、怀化职业技术学院、湘西民族职业技术学院、铜仁职业技术学院、铜仁幼师高等专科学校、贵州工业职业技术学院以及贵州健康职业学院。截至 2017 年底，本科学校在校人数为 99 551 人，专科学校在校人数为 71 716 人（表 5-1）。

表 5-1　2017 年武陵山片区的高等学校在校人数和教职工数　（单位：人）

学校名称	在校人数	教职工数
吉首大学	30 000	1 500
吉首大学张家界学院	7 000	379
怀化学院	16 066	998
湖南医药学院	8 900	592
湖北民族学院	17 000	1 061
湖北民族学院科技学院	11 000	—
铜仁学院	9 585	965
张家界航空工业职业技术学院	—	320
恩施职业技术学院	11 000	1 000
怀化职业技术学院	6 000	429
湘西民族职业技术学院	10 905	710
铜仁职业技术学院	14 811	819
铜仁幼师高等专科学校	11 000	442
贵州工业职业技术学院	11 000	500
贵州健康职业学院	7 000	173

注：根据各学校官方网站的内容整理而得

① 现为湖北民族大学。

② 现为湖北民族大学科技学院。

二、本科学校基本情况

（一）吉首大学[①]

吉首大学创办于1958年9月，在湖南省湘西土家族苗族自治州和张家界市两地办学，校本部位于湘西土家族苗族自治州首府—吉首市，是湖南省属综合性大学，也是武陵山片区唯一的综合性大学。学校是国家民族事务委员会（简称国家民委）与湖南省人民政府共建高校，国家“中西部高校基础能力建设工程”高校，“服务国家特殊需求博士人才培养项目”高校，《武陵山片区区域发展与扶贫攻坚规划》重点建设高校。校园总占地面积为2900余亩[②]，建筑面积近60万m^2，教学科研仪器设备总值为3.3亿元，各类纸质、电子文献600余万册；学校建有35个一级学科，80个本科专业，覆盖12大学科门类。

在职的教职工近1500人，专任教师1000余人，有高级职称700余人，博士生导师27人，硕士生导师407人，硕士以上学历占教师总数的70%。各类在籍学生3万余人，其中在校本专科生近2万人，博士生、硕士生、留学生千余人。近五年来，先后承担省部级以上科研项目900余项，获国家级、省部级科研成果奖共29项。获国家自然科学基金项目123项，社会科学基金项目85项；国家社会科学基金重大招标项目2项；先后与武陵山片区政府部门、企事业单位开展了20多个实质性的产学研合作项目，承担的国家、省级科研项目中70%以上为研究地方特色资源、地方政府急需解决的实际问题。学校连续发布了连片特困区蓝皮书《中国连片特困区发展报告》。美味猕猴桃“米良一号”研究成果的产业化帮助湘西州20余万农民摆脱贫困，湘西州矿产资源研究成果已孵化出10多家高新技术企业。学校拥有招收外国留学生及中国港澳台学生资格，先后与美国、英国、韩国、乌克兰、瑞典、印度、日本及中国香港、澳门、台湾地区20余所高校开展合作交流。出国访学、参加学术会议、举办国际会议等国际学术交流活动频繁，学生可选择前往美国、澳大利亚、英国以及中国港澳台地区进行交流学习，学校少数民族艺术团曾应邀赴美国、中国香港等地演出，影响广泛。

（二）吉首大学张家界学院[③]

吉首大学张家界学院是吉首大学举办的一所独立学院，2002年开始招生，根据教育部26号令相关要求，2008年12月与深圳长银实业及深圳禾田居三家联合

① 摘自吉首大学学校概况中的部分内容（https://www.jsu.edu.cn/xygk.htm）。

② 1亩≈666.7m^2。

③ 摘自《吉首大学张家界学院本科教学质量报告（2018—2019学年）》。

办学。学院坐落于国际著名旅游城市张家界市，校园占地面积 748 亩。

根据 2019 年统计，学院总占地面积 523 159.49m^2，产权占地面积为 523 159.49m^2，绿化用地面积为 313 895.69m^2，学院总建筑面积为 226 411m^2。学院现有教学行政用房面积（教学科研及辅助用房+行政办公用房）共 127 733m^2，其中教室面积 54 008.01m^2，实验室及实习场所面积 19 139m^2。拥有学生食堂面积为 13 275.44m^2，学生宿舍面积为 75 824m^2。拥有运动场 2 个，面积达到 27 620m^2。

学院现有全日制本科学生 7326 人，教师 400 余人，其中副高以上职称占 31.41%以上。有文艺法学院、经济管理学院、理工农学院，医学院、通识教育中心五大教学单位。现有可招生专业 45 个，实际每年招生专业 20 个左右。涵盖文、艺术、教育、法、经济、管理、理、工、农、医学十大学科门类。

（三）怀化学院①

怀化学院坐落于素有“滇黔门户、全楚咽喉”之称的现代交通枢纽城市——湖南省怀化市。学校创办于 1958 年，前身为怀化师范高等专科学校，1998 年开办本科教育，2002 年经教育部批准升格为全日制普通本科院校，2004 年获得学士学位授予权，2012 年通过教育部本科教学工作合格评估。

学校现有东、西 2 个校区，占地 1158 亩，建筑面积 52 万 m^2；教学科研仪器设备总值 18 885.5 万元；教职工 1241 人，其中专任教师 867 人，具有正高级职称人员 80 人、博士学位 156 人；馆藏纸质书刊 1 487 940 册，电子图书 651 954 册。学校有职能机构 26 个，教学科研业务单位 62 个。学校设有 22 个学院，有在校学生的本科专业 52 个。学校面向全国 26 个省（自治区、直辖市）招生，有全日制在校生 18 057 人，折合在校生 18 155 人。近五年来，教师发表的论文被 SCI、EI、ISTP 收录 255 篇，CSSCI 论文 170 篇，获授权专利 529 项，出版学术专著 121 部；获国家自然科学基金、国家社会科学基金立项 16 项，省部级科研项目 215 项；科技成果获湖南省自然科学奖一等奖 1 项，湖南省科技进步奖三等奖 2 项，怀化市科技进步奖 5 项。科研成果转化金额 32 万元，专利转化 7 个。教师发表教改论文 512 篇，主持省级以上教改课题 115 项，研究成果获省级教学一等奖 1 项、二、三等奖 7 项。学校已为国家培养各类毕业生 15 余万人，其中一大批成为各级党政机关领导干部或国内外知名学府和科研单位的教学、科研骨干。

（四）湖南医药学院②

学校肇始于 1912 年，前身为留美归国、著名医学教育家颜福庆先生创立的长

---

① 摘自怀化学院学校概况中的部分内容（http://www.hhtc.edu.cn/index.hhtc?list-100.html）。

② 摘自湖南医药学院学校概况中的部分内容（http://www.hnmu.com.cn/xxgk/xxjs.htm）。

沙红十字会看护训练所，1924 年正式建立长沙仁术护病学校。1961 年从长沙搬迁至安江建立黔阳地区卫生学校，1984 年搬迁至怀化并更名为怀化地区卫生学校。2000 年 3 月，升格为怀化医学高等专科学校。2014 年 5 月，经教育部批准升格并更名为湖南医药学院。

学校占地面积 1418 亩，校舍建筑面积 26.8 万 m^2，现有教学科研仪器设备总值 9342 万元，图书馆馆藏纸质图书 77 万册，中外文纸质期刊 578 种，电子图书 157 万册。学校设有医学院、药学院、护理学院、康复医学与保健学院、检验医学院、口腔医学院、医学人文与管理学院、马克思主义学院、国际教育学院、计算机科学教学研究部、体育教学研究部、继续教育学院。学校校本部现有在编在岗 610 人，其中专任教师 399 人。有教授等正高职称教师 53 人，有副教授等副高职称教师 140 人，具有博士学位教师 34 人、硕士学位教师 323 人。享受政府特殊津贴专家 2 人，博士生导师 1 人，硕士生导师 5 人，省级教学团队 1 个，省级学科带头人 1 人，省级教学名师 1 人，省级青年骨干教师 17 人，省级优秀教师 1 人。学校现有医学、管理学 2 个学科门类，开设临床医学、护理学等 13 个本科专业。有省级重点专业 1 个，省级特色专业 2 个，省级综合改革试点专业 2 个，国家资源共享（精品）课程 1 门，省级精品课程 5 门，省级在线开放课程 2 门，省级虚拟仿真实验教学中心 2 个。

（五）湖北民族大学①

湖北民族大学是经教育部批准，以本科教育为主的省属普通本科院校，是湖北省重点建设高校，是湖北省政府和国家民委共建高校。湖北民族大学的历史溯源于 1938 年建立的湖北省立联中乡村师范分校，后改为湖北省立第七师范学校，1950 年更名为恩施师范学校，1978 年成立恩施师范专科学校。1984 年经教育部批准，在恩施师专基础上筹建鄂西大学。1984 年 4 月 6 日，中共中央总书记胡耀邦同志为鄂西大学题写校名。1989 年经国家教育委员会验收，定名为湖北民族学院，成为普通本科院校。恩施医学高等专科学校创办于 1958 年，并于 1977 年开办医学本科教育。1998 年经教育部批准，湖北民族学院和恩施医学高等专科学校合并组建成新的湖北民族学院。2018 年 11 月经教育部批准，更名为湖北民族大学。

学校现设有 19 个学院（部），共 61 个本科专业，涵盖经济学、法学、教育学、文学、理学、工学、农学、医学、管理学、艺术学十大学科门类。学校有一支结构合理、素质良好的师资队伍。学校现有专任教师 1042 人，具有博士学位的 286 人，

① 摘自湖北民族大学学校概况中的部分内容（https://www.hbmzu.edu.cn/xxgk/xxgk.htm）。

其中教授 135 人。有享受国务院政府特殊津贴专家、省有突出贡献中青年专家、省政府专项津贴获得者等各级各类专家 50 余人。近五年来，学校承担省部级及以上科研项目 237 项，获省部级及以上各类科研奖励 23 项，出版学术专著 120 部，发表学术论文 6000 余篇，其中 SCI、EI、ISTP 收录论文 1200 余篇。《湖北民族学院学报》（哲学社会科学版）入选 CSSCI 来源期刊（扩展版）和 2015 年版北大中文核心期刊，在近两届省级教学成果奖评选中获得 6 个一等奖。近三年来学生在各类学科竞赛中获得国家级奖项 25 项，获省级奖项 654 项，公开出版个人作品（著作）2 部，发表学术论文 153 篇，获授权专利 19 项，学生科研成果获省级奖励 10 项。学校积极开展国际交流与合作，与美国、英国、澳大利亚、日本、韩国、俄罗斯、芬兰和加拿大等国的高水平大学建立了友好合作关系，积极开展中外合作办学，并招收临床医学专业外国留学生和汉语进修生。

（六）湖北民族大学科技学院①

湖北民族大学科技学院是经湖北省人民政府批准设立，国家教育部审批确认的普通本科高校。

学校现设有医学院、大健康学院、经济与管理学院、建筑与设计学院、文化与传媒学院、音乐与体育学院、机电与信息工程学院、马克思主义学院等二级学院，开设有 19 个本科、9 个专科专业，涵盖文、法、理、工、医、艺术、经济、管理八大学科门类，面向全国招生，现有在校生 11 000 余人，来自 32 个少数民族，其中少数民族学生占 53%。学校是恩施州人民政府精准扶贫定向培养医学生的合作高校。

学校始终坚持社会主义办学方向，全面贯彻执行党的教育方针，确立了“立足恩施，辐射武陵、面向全国，服务基层”的办学定位，秉承“正德至善、为学至精”的校训精神，坚持“以父母之心育人，帮助学生成就梦想”的办学理念，以立德树人为根本，以教学为中心，专业建设为龙头，市场需求为导向，走质量立校、人才强校、特色兴校的可持续健康发展之路。

（七）铜仁学院②

铜仁学院位于“中国西部名城”——贵州省铜仁市，学校办学起源于 1920 年创办的明德学校，几经传承演进，2006 年升格为全日制本科院校。2010 年通过学士

① 摘自湖北民族大学科技学院学校概况中的部分内容（http://www.hbmykjxy.cn/info/1070/2732.htm）。

② 摘自铜仁学院学校概况中的部分内容（http://www.gztrc.edu.cn/index.php/cms/item-view-id-1228?verified=1）。

学位授予单位评估；2013 年通过本科教学工作合格评估；2015 年整体搬迁至川硐教育园区，实现了“一校一址”办学目标。学校占地 910 亩，建筑面积 33.9 万 m^2，实验实训中心 5 万 m^2，教学科研仪器设备总值 8000 万元。图书馆馆藏纸质文献 101.5 万册，电子图书 283.3 万册。

学校现有 10 个学院，2 个特色学院——乌江学院（校政协同办学示范学院）和写作研究学院（专攻写作与沟通的特色学院），1 个研究生院，1 个国学院，1 个继续教育学院。现有全日制本科生 7938 人，预科生 527 人，留学生 668 人（其中，学历生 259 人，语言生 409 人）。联合培养了全日制研究生 133 人。学校现有教职工 1007 人，其中，专任教师 530 人，博士 146 人，硕士 337 人；正高级职称 131 人（二级教授 2 人，三级教授 7 人）；“双师双能型”教师 329 人；硕士生导师 79 人。现有贵州省区域一流培育学科 1 个（教育学）、省级重点建设（含支持）学科 7 个；建有院士工作站及分站各 1 个、博士后科研工作站 1 个、贵州省 2011 协同创新中心 1 个、国家民委民族理论政策研究基地 1 个、贵州省大学科技园 1 个、省级科普示范基地 1 个、省级人文社科示范基地 1 个、贵州省高校特色重点实验室 3 个、贵州省高校工程中心 3 个、贵州省高校产学研基地 5 个、贵州省高校人文社科基地 1 个、省级专业技术基地 1 个、贵州省民族传统体育训练基地 1 个，市人文社科示范基地 1 个和梵净教育研究院、梵净民族文化研究院、梵净生态研究院、铜仁学院中老（老挝）研究中心等校级科研机构 5 个。三年来，学校获得科研总经费 15 990.6 万元；承担各级各类课题 1000 多项，其中，国家级课题 28 项、省部级课题 188 项；发表学术论文 2498 篇，其中，在 SCI、SSCI、CSSCI 上发表论文 170 篇；获得授权专利 733 项，出版专著 136 部、教材 70 部；获得省部级以上教学、科研成果奖励 26 项，其中，贵州省哲学社会科学优秀成果奖 17 项，贵州省科技进步奖 5 项。

三、专科学校概况

（一）张家界航空工业职业技术学院[①]

张家界航空工业职业技术学院是 2001 年 8 月经湖南省人民政府批准建立的全日制普通高等学校。学院创建于 1979 年，先后隶属于原航空工业部、航空航天工业部、航空工业总公司、湖南省国防科技工业局，现隶属于湖南省工业和信息化厅。

① 摘自张家界航空工业职业技术学院学校概况中的部分内容（http://www.gztrc.edu.cn/index.php/cms/item-view-id-1228?verified=1）。

学院设有航空制造、航空维修、航空电气、航空服务、旅游管理五大特色专业群共33个专业。学院推行“人才强院”战略，建设“双专业带头人”引领的教师队伍。学院注重实践教学环节，不仅培养了大批理论知识与专业技能均非常突出的“双师型”教师队伍，还从航空企事业单位及社会相关专业机构聘请了百余名专家和高级技术人员担任兼职教师。现有专任教师320人、兼职教师132人，副高以上专任教师109人，省级专业带头人和青年骨干教师9名，建有院级大师工作室3个、创新工作室2个。学院多人次荣获“全国优秀教师”、“湖南省技术能手”称号和湖南青年五四奖章等荣誉。学院主编（审）、参编全国公开出版发行的教材200余种，主持多项国家级、省（部）级科研课题，拥有200余项国家专利。

（二）恩施职业技术学院[①]

恩施职业技术学院于2000年8月经湖北省人民政府批准，由原恩施教育学院、恩施财校、恩施农校、恩施工校、恩施林校和恩施供销学校合并组建而成，而后，州机电工程学校、州民族体校、州艺术学校、州交通技工学校相继并入。学院的办学历史可追溯到1937年，是培养党政干部的摇篮、培养企业家的摇篮、培养工程师的摇篮。

学院现有教职工1000余人，聘请国务院参事刘志仁、中国科学院院士杨叔子、中国工程院院士陈焕春等近200位知名专家、学者、企业家担任客座教授；教师中具有硕士以上学位127人（其中博士6人），教授、副教授180人，享受国务院津贴专家1人、湖北名师1人、全国农业职教名师1人。学院下设经济管理学院、机电工程学院、信息工程学院、生物工程学院、建筑工程学院、人文教育学院、旅游管理学院、体育学院等8个二级学院和马克思主义学院、继续教育学院、公共课部、中等职业教育部。现开设有旅游管理（国家级专业示范点、省级品牌专业）、畜牧兽医（省级品牌专业）、会计（省级特色专业）、园林技术（省级特色专业）、建筑工程技术（省级特色专业）、机电一体化技术（省级特色专业）、小学教育、学前教育、计算机应用、数控技术、药品质量与安全等36个专业，面向浙江、海南、四川、湖南、安徽等25个省（自治区、直辖市）招生，在校学生12 000多人。

（三）怀化职业技术学院[②]

怀化职业技术学院是一所全日制公办普通高等职业院校，学院由湖南省安江农

① 摘自恩施职业技术学院学校概况中的部分内容（http://www.eszy.edu.cn/xxgk1.htm）。

② 摘自怀化职业技术学院学校概况中的部分内容（http://www.hhvtc.com.cn/column/xyjj/2018/20170900300556204l2.shtml）。

业学校与怀化机电工程学校于2004年合并组建而成，学院办学始于1939年，现实行怀化市人民政府与湖南省农业委员会共建、以市政府为主的管理体制，著名科学家、中国工程院院士袁隆平担任名誉院长。

学院占地面积900余亩，有怀化和安江两个校区，其中怀化校本部面积435亩，安江校区（全国重点文物保护单位）面积261亩，安江实验山地面积近300亩，共有校园建筑面积20万m^2，固定资产2.3亿元，馆藏图书30万册，教学仪器总值3000多万元。学院现有教职员工420余人，其中有正高职称18人，副高职称87人，设有思想政治理论课部、环境与生物科技、动物科技、机械与汽车工程、电子电气工程、建筑工程、信息与艺术设计、商贸管理、人文科技9个教学系（部），开办26个高职大专专业，面向全国19个省区市招生，学生规模8000余人。建有农业生物技术、畜牧兽医、机械制造、建筑工程、计算机实训、商贸管理等9个实训中心及62个实训室，中央财政支持专业3个（种子生产与经营、畜牧兽医、建筑工程技术），省级示范性特色专业群1个（现代农业技术与服务专业群），省级特色和精品专业1个（种子生产与经营），是中国农业职业教育集团、湖南农业职业教育集团副理事长单位。学院科研硕果累累，有8项获国家级奖，24项获省部级奖，其中选育的籼型杂交水稻荣获国家第一个特等发明奖，为解决我国粮食短缺和农民增收做出了重要贡献。

（四）铜仁职业技术学院①

铜仁职业技术学院是2002年6月经贵州省人民政府批准成立的一所公办全日制普通高等职业学院，占地面积1411亩。

学院现有全日制在校学生21 432人（其中高职生16 030人，中职生5037人，留学生365人），生源来自23个省（自治区、直辖市）以及俄罗斯、老挝、印度尼西亚、越南、哈萨克斯坦、喀麦隆、卢旺达、肯尼亚、摩洛哥、埃塞俄比亚、厄立特里亚、津巴布韦等23个国家。学院现有教职工910人，其中专任教师733人，专业带头人46人，校外兼职兼课教师558名，高级职称308人，中级职称357人，硕、博士378人，“双师素质”教师618名，全国教书育人楷模1人，省、市管专家5人，“西部之光”访问学者6人，“甲秀之光”访问学者1人。学院设有农学院、药学院、医学院、护理学院、工学院、经济与管理学院、信息工程学院、人文学院、国际教育学院、继续教育学院以及铜仁市中等职业学校、铜仁市技工学校、铜仁工业学校等13个二级办学分院（校），开设有43个高职专业，其中国家

① 摘自铜仁职业技术学院学校概况中的部分内容（http://www.trzy.edu.cn/index.php/cms/item-list-category-883.shtml）。

级重点、骨干专业 10 个，省级重点和骨干专业 6 个，省级重点专业群 3 个。有国家级优秀教学团队 1 个、省级优秀教学团队 6 个、省级科技创新人才团队 1 个、省级大师工作室 6 个，国家级精品课程 1 门、国家资源共享课程 1 门、省级精品课程和开放课程 14 门。学院拥有“八大高层次科研创新平台”，设有国家茶产业体系（铜仁）茶叶综合试验站、贵州省中兽药工程研究中心、铜仁市产业发展研究中心、民族兽药研究所等 20 余个研发机构。有生态农业示范园、药学及药品生产开放性实训基地、NIIT 大数据与软件服务外包实训基地等 198 个实训基地，其中国家开放实训基地 3 个。学院与中南民族大学、大连民族大学、贵州大学、贵州师范大学等十余所国内高校联合办学；与美国阿兰特国际大学、韩国国立交通大学、印度尼西亚甘加马达大学、马来西亚沙巴大学等五十余所国（境）外高校联合办学。学院坚持“立德树人，以技立业，服务社会”的办学理念，秉承“明德、求真、笃行、自强”的校训，弘扬“求真务实、自信自强”的校园精神，紧贴地方产业发展，培养复合式创新型高素质技术技能人才，通过强内涵、提质量、优结构、稳规模，努力建设具有“世界水准、中国特色、铜仁标志”的全国优质高职院校（截至 2019 年 11 月）。

（五）铜仁幼儿师范高等专科学校[①]

2012 年 12 月，经贵州省人民政府批准并报教育部备案，升格组建为铜仁幼儿师范高等专科学校，迎来了前所未有的跨越式发展，实现了凤凰涅槃。

学校师资雄厚，办学规模逐年扩大。现有专兼职教职工 600 余人，其中，高中级职称人员占专任教师队伍的 65%，硕士学位以上专任教师占 36%。设有学前教育、初等教育、艺术与体育教育、国际教育、继续教育、马克思主义学院 6 个二级学院，共有 15 个招生专业，面向贵州、重庆、湖南、湖北、四川、新疆、山东、河北、广西等十余个省区市招生，现有在校学生 1.2 万余人。学校已与国内外高校建立了学生交流合作关系；与贵州师范大学、贵州师范学院建立了“2+2”专升本及学历提升工程合作模式；与铜仁学院、苏州幼专等高校签订了战略合作办学协议，共享该校教育资源；与碧江、思南、松桃、沿河等区县中职学校建立了高中职联合办学合作机制；创造性地组织各区县教育局、城镇和乡村幼儿园开展了“125 学前教育发展协同创新计划”，为在校学生和武陵山区幼儿教师、小学教师的专业化发展，拓展了成长平台。

---

① 摘自铜仁幼儿师范高等专科学校学校概况中的部分内容（http://www.trpec.edu.cn/xxgk/xxjj/index.html）。

（六）贵州工业职业技术学院①

贵州工业职业技术学院是经教育部批准和备案的公办普通高等职业技术学院，隶属于贵州省教育厅。学院前身是创建于 1958 年的贵州省化工学校，2002 年经省政府批准独立升格为高职学院，名称为“贵州科技工程职业学院”；2009 年，更名为贵州工业职业技术学院，且被贵州省教育厅确定为首批“省级示范高职学院”。

学院现设有两个校区，贵阳市观山湖校区和清镇职教城时光校区。下设化学与材料工程学院、机械与电气工程学院、电子与信息工程学院、城市建设学院、经济管理学院、人文社科学院和继续教育学院。目前有 40 个招生专业，其中国家重点建设专业 2 个，省级重点建设专业 9 个。校内专业实训室 83 个，其中国家级实训基地 4 个；省级开放型实训基地 3 个，实训实验用房 9.5 万 m^2；同时还设有贵州省第 44 国家职业技能鉴定所和国家二级资质的贵州省危险化学工业安全技术培训中心；另与浙江大学、贵州省体育局等合作在建浙大产学研双创基地、山地自行车、素质拓展、攀岩、电竞等赛训基地。

（七）贵州健康职业学院②

贵州健康职业学院是贯彻落实习近平总书记“加快推进健康中国建设”，省委、省政府抢抓首批国家生态文明试验区机遇、大力发展大健康“六大产业”，市委、市政府为响应国家推进建设“健康中国”战略号召，着眼大健康跨越工程，创建绿色发展先行示范区而设立的集医、护、药和大健康管理与服务为一体的公办全日制普通高等职业院校，2015 年 11 月获省政府正式批筹，2017 年 2 月获省政府批复设立，办学总规模为 10 000 人。

学院位于铜仁市川硐教育园区，总占地面积 1000 亩，建筑面积 32 万 m^2，建筑功能齐全、设备先进，有图书馆、体育馆、大学生活动中心、田径运动场、千人大会堂等。学院是西南地区第一所以“健康”命名的高校，专注培养临床、护理、健康教育、健康管理、健康服务、预防保健、生活护理等实用型高素质技能型人才，服务本地区经济社会发展。坚持“主攻大健康产业、主打产教融合、主谋高职本色”工作思路，精心打造大健康产业特色品牌专业，现已开设护理、药学、康复治疗技术、健康管理、护理（老年方向）、中药学、卫生信息管理、中药

① 摘自贵州工业职业技术学院学校概况中的部分内容（http://www.gzky.edu.cn/xygk1/xyxx.htm）。

② 摘自贵州健康职业学院学校概况中的部分内容（http://www.gzjkzy.com/html/about/aboutus/）。

生产与加工、医学美容技术 9 个专业。学院先后与铜仁市人民医院、铜仁市妇幼保健院、苏州百佳惠瑞丰大药房、雷允上药业集团等机构和企业签署合作协议，开展订单式人才培养，构建“工学结合、实景教学”的人才培养模式。同时，学校还大力实施校际合作办学，共享办学资源，拓宽升学渠道。目前已与重庆医科大学、苏州大学护理学院、苏州工业职业技术学院、苏州卫生职业技术学院、天津医专等签订合作协议，与菲律宾圣保罗大学建立合作关系。

（八）湘西民族职业技术学院①

湘西民族职业技术学院是 2004 年 5 月经湖南省人民政府批准，教育部备案的湘西自治州唯一一所普通高等职业技术院校。学院坐落于湘西经济开发区内，校园占地面积 1100 余亩，建筑面积 24 万余平方米，其中，教学科研实训区 10 万 m^2，学生生活服务区 8 万 m^2，文化体育功能区近 6 万 m^2，绿化面积达 560 亩。学院由 8 所中职学校合并组成，是一所以高等职业技术教育为主体，兼顾中等职业（中技）技术教育、成人本科与专科教育、各类技能培训的综合性职业技术院校。

现有教职工 699 人，正、副教授 141 人，硕士、博士 99 人，“双师型”教师比例达 72%。其中，100 余人获得国家和省级表彰，11 人荣获“全国优秀教师”和“湖南省优秀教师”称号，2 人被评为“全国职教先进工作者”；近三年，全院教师申报有 90 余项国家级、省级教研课题，共发表学术论文 561 篇，获得国家发明专利和实用新型专利 29 项。全日制学生 10 911 人，“一村一名农民大学生”1100 余人；常年开展各级各类技能培训，年培训人数 2000 人次以上；学院在广东、北京、上海、浙江等地建立了 125 个长期稳定的就业基地，毕业生就业率达 90%以上。

第二节　中 等 教 育

一、湖南片区

（一）学校规模

2003～2015 年，湖南片区中等学校规模由 2003 年的 1612 所减少到 2015 年的 1419 所。其中，湘西州 8 县（市）中等学校规模由 2003 年的 221 所减少

① 摘自湘西民族职业技术学院学校概况中的部分内容（http://www.xxmzy.com/Category_2/Index.aspx）。

到 2015 年的 211 所，张家界市 4 县（区）中等学校规模由 2003 年的 127 所减少到 2015 年的 112 所，怀化市 12 县（市、区）中等学校规模由 2003 年的 454 所减少到 2015 年的 400 所，石门县中等学校规模由 2003 年的 52 所减少到 2015 年的 41 所，安化县中等学校规模由 2003 年的 67 所减少到 2015 年的 51 所，娄底市 3 县（市）中等学校规模由 2003 年的 240 所减少到 2015 年的 212 所，邵阳市 8 县（市）中等学校规模量由 2003 年的 451 所减少到 2015 年的 392 所（表 5-2）。

表 5-2　2003～2015 年湖南片区中等学校规模　（单位：所）

地区	2003 年	2004 年	2006 年	2009 年	2011 年	2013 年	2015 年	地区	2003 年	2004 年	2006 年	2009 年	2011 年	2013 年	2015 年
吉首市	41	35	37	35	29	29	30	洪江市	38	38	41	39	39	39	39
泸溪县	21	21	21	21	20	21	21	石门县	52	53	47	43	43	43	41
凤凰县	33	32	32	33	34	30	31	安化县	67	69	58	54	51	50	51
花垣县	23	23	24	25	24	24	24	新化县	111	107	108	116	116	112	112
保靖县	20	21	21	22	21	20	19	冷水江市	48	46	41	39	36	36	36
古丈县	13	13	13	13	13	13	13	涟源市	81	79	73	65	65	65	64
永顺县	39	39	36	38	39	39	39	新邵县	64	62	59	52	54	51	51
龙山县	31	31	31	35	35	33	34	邵阳县	63	60	68	62	58	58	58
永定区	44	44	42	37	34	36	33	隆回县	100	95	88	77	77	75	75
武陵源区	4	4	4	4	3	3	3	洞口县	61	62	62	60	62	61	63
慈利县	45	44	42	43	43	42	42	绥宁县	40	43	42	28	25	24	23
桑植县	34	34	34	36	34	34	34	新宁县	43	45	44	41	41	40	39
鹤城区	67	66	64	53	47	47	48	城步县	20	19	31	27	27	27	28
中方县	24	24	23	26	25	25	25	武冈市	60	65	60	60	55	54	55
沅陵县	71	69	64	61	56	53	52	新晃县	23	22	23	23	22	22	23
辰溪县	41	41	40	39	38	37	37	芷江县	33	32	33	32	29	29	31
溆浦县	65	61	61	61	61	59	59	靖州县	21	20	19	18	17	17	17
会同县	30	30	29	29	29	29	29	通道县	13	13	12	11	11	11	13
麻阳县	28	27	27	27	26	26	27								

（二）学校教职工

2003～2015 年，湖南片区中等学校教职工由 2003 年的 85 712 人增加到 2015 年的 95 565 人。其中，湘西州 8 县（市）中等学校教职工由 2003 年的 11 226 人增加到2015年的15 740人，张家界市4县（区）中等学校教职工由2003年的6580人增加到2015年的7773人，怀化市12县（市、区）中等学校教职工由2003年的23 373人增加到2015年的26 768人，石门县中等学校教职工由2003年的2972人增加到2015年的2871人，安化县中等学校教职工由2003年的4009人减少到2015年的3793人，娄底市3县（市）中等学校教职工由2003年的13 955人减少到2015年的12 908人，邵阳市8县（市）中等学校教职工由2003年的23 597人增加到2015年的25 712人（表5-3）。

表5-3　2003～2015年湖南片区中等学校教职工　（单位：人）

地区	2003年	2006年	2009年	2011年	2013年	2015年	地区	2003年	2006年	2009年	2011年	2013年	2015年
吉首市	2 201	2 101	2 337	2 598	2 343	2 355	洪江市	2 406	2 517	2 451	2 796	2 834	2 645
泸溪县	1 190	1 301	1 463	1 726	1 702	1 735	石门县	2 972	3 169	3 171	3 269	3 025	2 871
凤凰县	1 394	1 604	1 661	2 217	2 140	2 094	安化县	4 009	3 798	3 603	4 017	3 891	3 793
花垣县	963	1 107	1 220	1 544	1 529	1 516	新化县	5 675	5 685	5 259	5 419	5 223	5 413
保靖县	1 142	1 242	1 240	1 559	1 555	1 559	冷水江市	2 958	2 709	2 771	3 232	3 212	3 081
古丈县	575	594	643	815	789	785	涟源市	5 322	5 202	4 839	4 971	4 721	4 414
永顺县	1 852	2 285	2 549	2 866	2 892	2 835	新邵县	3 146	3 010	2 890	3 088	3 141	3 171
龙山县	1 909	2 142	2 393	2 925	2 716	2 861	邵阳县	2 997	3 659	3 408	3 501	3 115	3 356
永定区	2 001	2 072	2 078	2 330	2 355	2 292	隆回县	4 687	6 047	5 242	5 288	6 476	6 579
武陵源区	183	217	245	302	318	309	洞口县	3 314	3 359	3 297	3 433	3 486	3 643
慈利县	2 591	2 701	2 677	3 031	2 951	2 986	绥宁县	1 979	1 952	1 594	1 871	1 655	1 582
桑植县	1 805	1 928	1 849	2 147	2 149	2 186	新宁县	2 626	2 410	2 289	2 425	2 102	2 048
鹤城区	4 067	4 087	3 842	4 487	4 126	4 833	城步县	1 429	1 363	1 248	1 589	1 438	1 335
中方县	1 331	1 418	1 400	1 741	1 706	1 645	武冈市	3 419	3 482	3 499	3 910	3 411	3 998
沅陵县	2 477	2 763	2 571	3 997	4 007	3 889	新晃县	1 046	1 075	989	1 130	1 083	1 128
辰溪县	1 978	2 052	2 058	2 312	2 206	2 192	芷江县	1 499	1 466	1 488	1 727	1 640	1 690
溆浦县	3 204	3 341	2 916	3 413	3 320	3 302	靖州县	1 390	1 290	1 152	1 257	1 242	1 223
会同县	1 496	1 400	1 368	1 601	1 514	1 575	通道县	1 134	1 109	948	919	910	977
麻阳县	1 345	1 388	1 382	1 580	1 667	1 669							

（三）在校学生

2003～2015年，湖南片区中等学校在校学生人数由2003年的1 452 272人减少到2015年的1 059 329人。其中，湘西州8县（市）中等学校在校学生人数由2003年的183 615人减少到2015年的168 385人，张家界市4县（区）中等学校在校学生人数由2003年的111 547人减少到2015年的88 604人，怀化市12县(市、区）中等学校在校学生人数由2003年的371 655减少到2015年的262 007人，石门县中等学校在校学生人数由2003年的44 254人减少到2015年的27 239人，安化县中等学校在校学生人数由2003年的76 590人减少到2015年的39 922人，娄底市3县（市）中等学校在校学生人数由237 375人减少到2015年的140 778人，邵阳市8县（市）中等学校在校学生人数由2003年的427 236人增加到2015年的332 394人（表5-4）。

表5-4　2003～2015年湖南片区中等学校在校学生人数　（单位：人）

地区	2003年	2009年	2013年	2015年	地区	2003年	2009年	2013年	2015年
吉首市	30 927	39 853	37 917	35 923	洪江市	32 448	28 552	24 346	22 193
泸溪县	19 904	21 131	18 477	17 594	石门县	44 254	35 894	30 700	27 239
凤凰县	21 411	20 703	17 487	19 173	安化县	76 590	35 894	37 693	39 922
花垣县	15 418	17 252	15 847	16 653	新化县	106 734	65 981	59 490	62 253
保靖县	18 089	14 618	13 162	14 673	冷水江市	38 339	29 056	28 433	28 471
古丈县	8 503	7 044	6 117	6 054	涟源市	92 302	67 577	55 919	50 054
永顺县	31 700	28 987	27 459	27 610	新邵县	53 588	41 114	45 976	49 195
龙山县	37 663	38 424	32 350	30 705	邵阳县	59 894	48 766	44 707	44 341
永定区	32 942	27 884	31 258	31 517	隆回县	93 731	58 311	62 390	67 373
武陵源区	3 488	3 150	3 283	3 479	洞口县	60 189	48 386	55 514	56 817
慈利县	44 405	35 154	33 053	30 334	绥宁县	30 113	17 792	15 066	16 412
桑植县	30 712	18 202	21 468	23 274	新宁县	49 864	27 083	23 687	27 343
鹤城区	67 137	58 629	55 709	64 286	城步县	20 716	9 522	9 081	10 799
中方县	19 716	8 746	9 729	9 535	武冈市	59 141	51 661	61 669	60 114
沅陵县	40 127	24 782	23 802	25 176	新晃县	15 806	8 706	9 696	10 597
辰溪县	34 555	18 333	15 643	17 120	芷江县	22 128	19 455	19 249	19 231
溆浦县	56 146	29 773	33 399	35 737	靖州县	21 149	11 559	12 863	13 777
会同县	22 853	14 476	15 403	15 862	通道县	15 859	7 925	9 213	10 583
麻阳县	23 731	17 041	17 539	17 910					

（四）专任教师

2003～2015年，湖南片区中等学校专任教师人数由2003年的72 425人增加到 2015 年的 74 090 人。其中，湘西州 8 县（市）中等学校专任教师人数由 2003 年的 9300 人增加到 2015 年的 11 930 人，张家界市 4 县（区）中等学校专任教师人数由 2003 年的 5528 人增加到 2015 年的 5935 人，怀化市 12 县（市、区）中等学校专任教师人数由 2003 年的 19 774 人增加到 2015 年的 19 925 人，石门县中等学校专任教师人数由 2003 年的 2534 人减少到 2015 年的 2429 人，安化县中等学校专任教师人数由 2003 年的 2477 人增加到 2015 年的 2774 人，娄底市 3 县（市）中等学校专任教师人数由 2003 年的 12 199 人减少到 2015 年的 10 165 人，邵阳市 8 县(市)中等学校专任教师人数由 2003 年的 20 613 人增加到 2015 年的 20 932 人（表 5-5）。

表 5-5　2003～2015 年湖南片区中等学校专任教师人数　（单位：人）

地区	2003 年	2009 年	2013 年	2015 年	地区	2003 年	2009 年	2013 年	2015 年
吉首市	1 644	2 337	1 811	1 936	洪江市	1 999	2 128	2 061	1 869
泸溪县	1 022	1 463	1 374	1 414	石门县	2 534	2 680	2 539	2 429
凤凰县	1 175	1 661	1 519	1 529	安化县	2 477	2 961	2 583	2 774
花垣县	798	1 220	1 092	1 129	新化县	5 071	4 472	4 142	4 172
保靖县	960	1 240	1 070	1 101	冷水江市	2 387	2 340	2 306	2 281
古丈县	448	643	548	535	涟源市	4 741	4 131	3 906	3 712
永顺县	1 566	2 549	2 076	2 045	新邵县	2 816	2 611	2 664	2 733
龙山县	1 687	2 393	2 189	2 241	邵阳县	2 774	2 966	2 695	2 931
永定区	1 630	1 720	1 817	1 798	隆回县	4 286	4 523	5 295	5 352
武陵源区	156	209	217	221	洞口县	2 886	2 921	2 898	3 076
慈利县	2 233	2 323	2 342	2 261	绥宁县	1 625	1 328	1 144	1 125
桑植县	1 509	1 518	1 512	1 655	新宁县	2 238	1 963	1 683	1 719
鹤城区	3 014	2 943	3 128	3 711	城步县	1 309	1 128	1 047	1 021
中方县	1 213	1 158	1 270	1 201	武冈市	2 679	2 781	2 687	2 975
沅陵县	2 098	2 112	2 118	2 360	新晃县	908	868	802	841
辰溪县	1 751	1 852	1 704	1 695	芷江县	1 277	1 261	1 222	1 281
溆浦县	2 927	2 710	2 623	2 621	靖州县	1 209	932	1 037	1 013
会同县	1 265	1 187	1 159	1 161	通道县	938	776	704	756
麻阳县	1 175	1 234	1 374	1 416					

二、贵州片区

（一）学校规模

2003～2015 年，贵州片区中等学校规模总体变化不大，由 2003 年的 379 所增加到2015年的404所，增加了25所。其中，余庆县、思南县中等学校规模保持不变。学校规模增加的有沿河县（增加11所）、德江县（增加1所）、印江县（增加1所）、松桃县（增加2所）、万山区（增加4所）、石阡县（增加4所）、务川县（增加1所）、正安县（增加13所）。学校规模减小的有江口县（减少1所）、碧江区（减少1所）、玉屏县（减少3所）、道真县（减少1所）、凤冈县（减少5所）、湄潭县（减少1所）（表5-6）。

表5-6　2003～2015年贵州片区中等学校规模　（单位：所）

地区	2003年	2009年	2013年	2015年	地区	2003年	2009年	2013年	2015年
沿河县	27	27	37	38	石阡县	24	23	27	28
德江县	30	29	29	31	道真县	23	24	22	22
印江县	21	22	24	22	务川县	27	27	29	28
松桃县	37	41	41	39	正安县	25	41	39	38
江口县	16	17	17	15	凤冈县	26	25	20	21
碧江区	25	25	24	24	湄潭县	26	23	25	25
万山区	6	5	10	10	余庆县	15	17	16	15
玉屏县	11	11	11	8					
思南县	40	39	39	40					
合计	379	396	410	404					

（二）在校学生

2003～2015年，贵州片区中等学校在校学生人数总体在上升，由2003年的389 586人增加到2015年的494 381人，增加了104 795人，年均增长率为2.01%。

在贵州片区16县（区）中，除印江县、玉屏县、正安县和江口县中等学校在校学生人数减少外，其他13县（区）均有所增加。其中，沿河县增加了14 307人，年均增长率为3.31%。德江县增加了11 905人，年均增长率为2.95%。松桃县增加了10 035人，年均增长率为2.18%。碧江区增加了13 711人，年均增长率为3.49%。万山区增加了5586人，年均增长率为7.99%。思南县增加了19 146人，年均增长率为3.39%。石阡县增加了6696人，年均增长率为2.11%。道真县增加了2554人，年均增长率为0.95%。务川县增加了13 507人，年均增长率为3.99%。凤冈县增加了4319人，年均增长率为1.34%。湄潭县增加了5419人，年均增长率为1.50%。余庆县增加了2591人，年均增长率为1.14%（表5-7）。

表 5-7　2003～2015 年贵州片区中等学校在校学生人数　（单位：人）

地区	2003 年	2009 年	2013 年	2015 年
沿河县	29 893	40 113	42 985	44 200
德江县	28 560	35 421	39 235	40 465
印江县	29 893	27 284	28 777	28 781
松桃县	34 011	47 966	43 178	44 046
江口县	15 959	14 542	15 021	13 756
碧江区	26 950	31 963	36 382	40 661
万山区	3 684	2 849	7 790	9 270
玉屏县	9 436	7 642	9 418	8 695
思南县	38 920	51 059	58 378	58 066
石阡县	23 465	28 102	29 504	30 161
道真县	21 144	18 473	24 011	23 698
务川县	22 536	29 087	36 831	36 043
正安县	34 617	35 693	35 569	33 692
凤冈县	25 020	31 602	33 577	29 339
湄潭县	27 679	30 396	35 934	33 098
余庆县	17 819	19 955	21 908	20 410
合计	389 586	452 147	498 498	494 381

（三）专任教师

2003～2015 年，湖北片区中等学校专任教师人数总体在上升，由 2003 年的 17 961 人增加到 2015 年的 30 332 人，增加了 12 371 人，年均增速为 4.46%。其中，沿河县增加了 1235 人，年均增长率为 6.15%。德江县增加了 1088 人，年均增长率为 5.07%。印江县增加了 510 人，年均增长率为 2.86%。松桃县增加了 1575 人，年均增长率为 6.33%。江口县增加了 309 人，年均增长率为 3.11%。碧江区增加了 1201 人，年均增长率为 5.62%。万山区增加了 426 人，年均增长率为 9.23%。玉屏县增加了 155 人，年均增长率为 2.24%。思南县增加了 1176 人，年均增长率为 4.20%。石阡县增加了 632 人，年均增长率 3.63%。道真县增加了 393 人，年均增长率为 2.75%。务川县增加了 1147 人，年均增长率为 6.53%。正安县增加了 724 人，年均增长率为 3.19%。凤冈县增加了 785 人，年均增长率为 4.71%。湄潭县增加了 685 人，年均增长率为 3.30%。余庆县增加了 330 人，年均增长率 2.76%（表 5-8）。

表 5-8　2003～2015 年贵州片区中等学校专任教师人数　（单位：人）

地区	2003 年	2009 年	2013 年	2015 年	地区	2003 年	2009 年	2013 年	2015 年
沿河县	1 179	1 919	2 349	2 414	思南县	1 841	2 448	2 579	3 017
德江县	1 343	1 948	2 518	2 431	石阡县	1 185	1 627	1 727	1 817
印江县	1 269	1 574	1 594	1 779	道真县	1 021	1 039	1 271	1 414
松桃县	1 448	2 475	2 880	3 023	务川县	1 009	1 672	1 767	2 156
江口县	696	753	1 047	1 005	正安县	1 580	1 958	2 291	2 304
碧江区	1 295	1 649	2 055	2 496	凤冈县	1 064	1 578	1 888	1 849
万山区	226	210	498	652	湄潭县	1 440	1 637	1 761	2 125
玉屏县	510	539	684	665	余庆县	855	1 000	1 166	1 185
合计	17 961	24 026	28 075	30 332					

三、重庆片区

（一）学校规模

2003～2015 年，重庆片区中等学校规模总体变化不大，由 2003 年的 209 所减少到 2015 年的 185 所，减少 24 所。其中，中等学校规模增加的有黔江区（增加 3 所）、彭水县（增加 5 所）。中等学校规模减小的有丰都县（减少 15 所）、武隆县（减少 3 所）、石柱县（减少 2 所）、秀山县（减少 6 所）、酉阳县（减少 6 所）。重庆片区 7 县（区）中，中等学校规模变化幅度最大的为丰都县，变化幅度最小的为石柱县（表 5-9）。

表 5-9　2003～2015 年重庆片区中等学校规模　（单位：所）

地区	2003 年	2005 年	2007 年	2009 年	2011 年	2013 年	2015 年
黔江区	20	22	25	25	23	22	23
丰都县	56	53	54	42	42	41	41
武隆县	14	14	14	12	12	12	11
石柱县	24	23	22	20	21	21	22
秀山县	32	31	26	28	28	26	26
酉阳县	46	42	42	39	39	39	40
彭水县	17	14	31	30	41	26	22
合计	209	199	214	196	206	187	185

（二）在校学生

2003～2015 年，重庆片区中等学校在校学生人数总体在上升，由 2003 年的 212 255 人增加到 2015 年的 252 434 人，增加了 40 179 人，年均增长率为 1.46%。

在重庆片区 7 县（区）中，除石柱县中等学校在校学生人数减少外，其他 6 县（区）均有所增加。其中，黔江区增加了 12 356 人，年均增长率为 3.16%。丰都县增加了 2408 人，年均增长率为 0.46%。武隆县增加了 8780 人，年均增长率为 5.72%。秀山县增加了 1340 人，年均增长率为 0.36%。酉阳县增加了 21 514 人，年均增长率为 5.27%。彭水县增加了 13 647 人，年均增长率为 3.46%。

在统计年份中，2003～2013 年重庆片区中等学校在校学生人数呈现稳步上升趋势，2013 年开始，中等学校在校学生人数开始呈现下降趋势。重庆片区 7 县（区）中，2003～2015 年中等学校在校学生人数增长速度最快的是武隆县，其次是酉阳县。中等学校在校学生人数增长速度位居后三位的是石柱县（减少了 19 866 人）、秀山县以及丰都县（表 5-10）。

表 5-10　2003～2015 年重庆片区中等学校在校学生　（单位：人）

地区	2003 年	2005 年	2007 年	2009 年	2011 年	2013 年	2015 年
黔江区	27 314	29 438	36 371	43 241	43 204	40 915	39 670
丰都县	42 742	39 130	41 074	45 598	46 037	44 909	45 150
武隆县	9 239	19 382	21 263	23 921	23 167	19 501	18 019
石柱县	50 211	29 874	33 986	37 179	35 205	31 318	30 345
秀山县	30 433	32 473	37 406	39 684	38 405	33 733	31 773
酉阳县	25 257	40 413	46 579	54 752	54 793	49 097	46 771
彭水县	27 059	31 112	36 742	44 801	46 254	41 874	40 706
合计	212 255	221 822	253 421	289 176	287 065	261 347	252 434

（三）专任教师

2003～2015 年，重庆片区中等学校专任教师人数总体在增加，由 2003 年的 10 775 人增加到 2015 年的 16 679 人，增加了 5904 人，年均增长率为 3.71%。其中，黔江区增加了 1141 人，年均增长率为 4.84%；丰都县增加了 794 人，年均增长率为 2.80%；武隆县增加了 196 人，年均增长率为 1.50%；秀山县增加了 816 人，年均增长率为 3.45%；石柱县增加了 766 人，年均增长率为 3.97%；酉阳县增加了 1245 人，年均增长率为 4.43%；彭水县增加了 946 人，年均增长率为 4.11%。

2003～2015 年，重庆片区中等学校专任教师人数呈现稳步上升趋势。重庆片区 7 县（区）中，2003～2014 年中等学校专任教师增长速度最快的是黔江区，其次是酉阳县。中等学校专任教师人数增长速度位居后三位的是武隆县、丰都县以及秀山县（表 5-11）。

表 5-11　2003～2015 年重庆片区中等学校专任教师人数（单位：人）

地区	2003 年	2005 年	2007 年	2009 年	2011 年	2013 年	2015 年
黔江区	1 496	1 607	1 787	2 098	2 502	2 617	2 637
丰都县	2 020	2 080	2 253	2 384	2 696	2 802	2 814
武隆县	1 000	1 111	1 184	1 288	1 246	1 196	1 196
石柱县	1 285	1 456	1 710	1 826	1 903	1 978	2 051
秀山县	1 627	1 826	1 911	2 124	2 286	2 421	2 443
酉阳县	1 824	2 043	2 259	2 412	2 698	2 933	3 069
彭水县	1 523	1 616	1 742	2 036	2 246	2 432	2 469
合计	10 775	11 739	12 846	14 168	15 577	16 379	16 679

四、湖北片区

（一）秭归县、长阳县及五峰县

相对于湖南片区、重庆片区及贵州片区，湖北片区中等学校规模基本保持不变。

2012 年，长阳县有初中 15 所，高职中 4 所；初中生 10 017 人，高中生 5019 人，中专生 4722 人；教职工 4689 人（包括小学），其中，在编教职工 2784 人，退休教职工 1905 人。五峰县普通高中 1 所、中等职业学校 1 所，初中 8 所；初中生 3598 人，普通高中生 2275 人，职业高中在籍学生 1393 人，共有 10 854 名农村中小学学生享受农村义务教育学生营养改善计划。秭归县有初中 14 所，普通高中 2 所；初中生 7810 人，高中生 4810 人；共有教职工 2967 人（包括小学），其中专任教师 2543 人。

2013 年，长阳县有初中 11 所，九年一贯制学校 4 所，普通高级中学 3 所，中等职业学校 1 所；初中生 8857 人，普通高中生 4821 人，中等职业学校学生 3823 人；全县共有中小学幼儿园教职工 2759 人（其中专任教师 2155 人）；长阳职教中心成为省级示范中等职业学校，长阳实验小学等 8 所学校成为宜昌市现代化学校。五峰县有初中 8 所，普通高中 1 所，中等职业学校 1 所；初中生 3147 人，普通高中学生 2165 人，职业高中在籍学生 1464 人，特殊教育学生 48 人，初升高比例达到 97.9%。

2014 年，长阳县有初中 15 所（含九年一贯制学校 5 所），普通高级中学 3 所，中等职业学校 1 所；初中生 8300 人，普通高中生 4516 人，中职学生 3491 人。秭归县有初中 14 所，普通高中 2 所；初中生 6967 人，高中生 4538 人；共有教职工 2919 人，其中专任教师 2524 人。

2015 年，长阳县有初中 10 所，高中 3 所，中等职业学校 1 所，九年一贯制学校 5 所；初中生 7677 人，高中生 4286 人，中职生 3257 人，特殊教育学生 90 人；全县幼儿园及中小学教职工共有 2659 人（其中专任教师 2569 人）。五峰县有初中 4 所，普通高中 1 所，中等职业学校 1 所，九年一贯制学校 4 所；初中生 2666 人，高中生 1926 人，中职生 1119 人，特殊教育学生 49 人；全县共有教职工 1515 人。高中阶段毛入学率为 98.1%，高等教育毛入学率为 97%；初中升高中的比例为 97.5%，高中升大学的比例为 95.64%。秭归县有初中 14 所，普通高中 2 所；初中生 6719 人，高中生 4234 人；共有在编教职工 2837 人（表 5-12 和表 5-13）。

表 5-12　秭归县、长阳县及五峰县中等学校规模　　（单位：所）

地区	2012 年	2013 年	2014 年	2015 年
秭归县	16	16	16	16
长阳县	19	19	19	19
五峰县	10	10	10	10

资料来源：《湖北教育年鉴》

表 5-13　秭归县、长阳县及五峰县在校学生　　（单位：人）

地区	2012 年	2013 年	2014 年	2015 年
秭归县	12 620	12 071	11 505	10 953
长阳县	19 758	17 501	16 307	15 310
五峰县	7 266	6 776	6 557	5 760

资料来源：《湖北教育年鉴》

（二）恩施州

恩施州包括恩施市、利川市、建始县、巴东县、宣恩县、咸丰县、来凤县以及鹤峰县 8 县（市）。

2008年，恩施州有普通初中150所，在校学生161 576人，教职工数9307人；普通高中24所，在校学生51 768人，教职工数3209人；职业学校22所，在校学生38 207人，教职工数1509人。

2012年，恩施州有普通初中137所，在校学生161 576人，教职工数9307人；普通高中23所，在校学生51 768人，教职工数3209人；职业学校12所（不含劳动部门学校7所），在校学生38 207人，教职工数1509人；普通高中资助21 812人次，资助资金为1608万元；职业学校资助55 929人次，资助资金为4448万元。

2013年，恩施州有普通初中139所，普通高中24所，职业学校12所；初中阶段适龄人口入学率为99.69%，初中三年巩固率为92%；高中学校在校生8.99万人，高中阶段毛入学率为79%。

2014年，恩施州有普通初中139所，普通高中25所，职业学校12所；初中教职工9332人，高中教职工4406人；初中升高中阶段学校升学率为84.45%，普通高中大学录取率达93%；资助高中阶段学生11.34万人次，资助资金为1.04亿元。

2015年，恩施州有普通初中141所，普通高中25所，职业学校12所；初中教职工8723人，高中教职工4275人，职校教职工1169人；普通高中国家助学金为3322万元，资助16 315人次；职业学校国家助学金为3327.12万元，资助16 469人次，中等职业学校国家免学费达5799.26万元，资助21 882人次；高中国家滋蕙计划助学金为233.6万元，资助1168人次（表5-14和表5-15）。

表5-14　恩施州8县（市）中学规模　（单位：所）

地区	2012年			2013年			2014年			2015年		
	普通初中	普通高中	职业学校	普通初中	普通高中	职业学校	普通初中	普通高中	职业学校	普通初中	普通高中	职业学校
恩施市	25	5	5	25	3	2	26	3	2	26	3	2
利川市	28	5	1	28	5	1	26	5	1	28	5	1
建始县	16	3	1	16	4	1	16	4	1	16	4	1
巴东县	18	4	1	18	4	1	19	4	1	19	4	1
宣恩县	12	2	1	12	2	1	12	2	1	12	2	1
咸丰县	13	1	1	15	1	1	15	1	1	15	1	1
来凤县	11	2	1	11	2	1	11	2	1	11	2	1
鹤峰县	14	1	1	14	1	1	14	1	1	14	1	1
州直	0	0	0	0	2	3	0	3	3	0	3	3
总计	137	23	12	139	24	12	139	25	12	141	25	12

资料来源：《湖北教育年鉴》

表 5-15　恩施州 8 县（市）中学学生人数　　（单位：人）

地区	2012 年	2013 年	2014 年	2015 年
恩施市	43 120	42 091	34 740	36 648
利川市	41 402	40 764	42 620	38 968
建始县	19 706	22 438	22 645	22 736
巴东县	24 610	23 242	21 941	24 448
宣恩县	15 535	15 087	14 439	14 370
咸丰县	15 748	16 356	17 268	17 915
来凤县	17 930	17 177	17 568	17 679
鹤峰县	10 228	9 471	8 750	7 865

资料来源：《湖北教育年鉴》

第三节　普通小学教育

一、湖南片区

（一）学校规模

2003～2015 年，湖南片区普通小学规模有所减少，由 2003 年的 8863 所减少到 2015 年的 2171 所。其中，湘西州 8 县（市）普通小学规模由 2003 年的 2001 所减少到 2015 年的 228 所，张家界市 4 县（区）普通小学规模由 2003 年的 722 所减少到 2015 年的 120 所，怀化市 12 县（市、区）普通小学规模由 2003 年的 2910 所减少到 2015 年的 264 所，石门县普通小学规模由 2003 年的 225 所减少到 2015 年的 86 所，安化县普通小学规模由 2003 年的 273 所减少到 2015 年的 70 所，娄底市 3 县（市）普通小学规模由 2003 年的 699 所减少到 2015 年的 527 所，邵阳市 8 县（市）普通小学规模由 2003 年的 2033 所减少到 2015 年的 876 所（表 5-16）。

表 5-16　2003～2015 年湖南片区普通小学规模　　（单位：所）

地区	2003 年	2009 年	2013 年	2015 年	地区	2003 年	2009 年	2013 年	2015 年
吉首市	172	93	29	26	洪江市	203	37	39	26
泸溪县	191	120	21	19	石门县	225	95	43	86
凤凰县	319	234	30	35	安化县	273	129	50	70
花垣县	175	169	24	25	新化县	225	321	112	257
保靖县	201	130	20	27	冷水江市	79	58	36	48
古丈县	160	58	13	11	涟源市	395	261	65	222
永顺县	430	155	39	42	新邵县	194	185	185	172

续表

地区	2003 年	2009 年	2013 年	2015 年	地区	2003 年	2009 年	2013 年	2015 年
龙山县	353	171	33	43	邵阳县	355	223	223	130
永定区	180	63	36	43	隆回县	388	273	273	181
武陵源区	20	14	3	7	洞口县	296	206	206	189
慈利县	286	71	42	37	绥宁县	216	55	55	27
桑植县	236	70	34	33	新宁县	152	147	147	69
鹤城区	77	33	47	28	城步县	201	159	159	24
中方县	75	30	25	18	武冈市	231	173	173	84
沅陵县	594	14	53	12	新晃县	224	19	22	18
辰溪县	299	142	37	22	芷江县	228	24	29	24
溆浦县	440	352	59	39	靖州县	134	25	17	14
会同县	234	83	29	15	通道县	168	27	11	27
麻阳县	234	73	26	21					

（二）学校教职工

2003～2015年，湖南片区普通小学教职工人数由2003年的84 649人减少到2015年的63 586人。其中，湘西州8县（市）普通小学教职工由2003年的15 100人减少到2015年的10 583人，张家界市4县（区）普通小学教职工由2003年的6298人减少到2015年的5067人，怀化市12县（市、区）普通小学教职工由2003年的26 181人减少到2015年的15 953人，石门县普通小学教职工由2003年的2702人减少到2015年的2017人，安化县普通小学教职工由2003年的2865人减少到2015年的2638人，娄底市3县（市）普通小学教职工由2003年的11 022人减少到2015年的8221人，邵阳市8县（市）普通小学教职工由2003年的20 481人减少到2015年的19 107人（表5-17）。

表5-17　2003～2015年湖南片区普通小学教职工人数　　（单位：人）

地区	2003 年	2009 年	2011 年	2013 年	2015 年	地区	2003 年	2009 年	2011 年	2013 年	2015 年
吉首市	1 489	2 337	2 598	1 504	1 497	洪江市	2 567	2 451	2 796	1 535	1 385
泸溪县	1 647	1 463	1 726	1 158	1 134	石门县	2 702	3 171	3 269	2 015	2 017
凤凰县	2 128	1 661	2 217	1 526	1 484	安化县	2 865	3 603	4 017	2 637	2 638
花垣县	1 613	1 220	1 544	1 088	1 135	新化县	4 600	5 259	5 419	3 856	3 746
保靖县	1 600	1 240	1 559	978	992	冷水江市	2 039	2 771	3 232	1 240	1 115

续表

地区	2003 年	2009 年	2011 年	2013 年	2015 年	地区	2003 年	2009 年	2011 年	2013 年	2015 年
古丈县	878	643	815	460	506	涟源市	4 383	4 839	4 971	3 474	3 360
永顺县	2 884	2 549	2 866	1 695	1 712	新邵县	2 650	2 890	3 088	2 399	2 428
龙山县	2 861	2 393	2 925	2 053	2 123	邵阳县	3 578	3 408	3 501	2 735	2 683
永定区	2 345	2 078	2 330	1 931	1 839	隆回县	3 917	5 242	5 288	5 060	5 042
武陵源区	207	245	302	207	215	洞口县	2 820	3 297	3 433	2 130	2 232
慈利县	1 976	2 677	3 031	1 627	1 561	绥宁县	1 749	1 594	1 871	1 319	1 252
桑植县	1 770	1 849	2 147	1 504	1 452	新宁县	1 719	2 289	2 425	1 988	1 982
鹤城区	2 345	3 842	4 487	1 685	1 878	城步县	1 327	1 248	1 589	1 188	1 131
中方县	2 026	1 400	1 741	932	902	武冈市	2 721	3 499	3 910	2 493	2 357
沅陵县	1 378	2 571	3 997	1 023	998	新晃县	1 723	989	1 130	862	836
辰溪县	3 744	2 058	2 312	1 973	1 825	芷江县	1 089	1 488	1 727	1 135	1 066
溆浦县	3 008	2 916	3 413	2 858	2 741	靖州县	1 668	1 152	1 257	1 031	1 027
会同县	3 818	1 368	1 601	1 090	997	通道县	1 212	948	919	1 052	1 025
麻阳县	1 603	1 382	1 580	1 314	1 273						

（三）在校学生

2003～2015 年，湖南片区普通小学在校学生人数由 2003 年的 1 478 186 人减少到 2015 年的 1 396 662 人。其中，湘西州 8 县（市）普通小学在校学生人数由 2003 年的 298 061 人减少到 2015 年的 203 193 人，张家界市 4 县（区）普通小学在校学生人数由 2003 年的 111 186 人减少到 2015 年的 111 109 人，怀化市 12 县(市、区）普通小学在校学生人数由 2003 年的 340 792 减少到 2015 年的 331 333 人，石门县普通小学在校学生人数由 2003 年的 41 444 人减少到 2015 年的 31 781 人，安化县普通小学在校学生人数由 2003 年的 55 107 人增加到 2015 年的 58 535 人，娄底市 3 县（市）普通小学在校学生人数由 2003 年的 230 833 人减少到 2015 年的 205 166 人，邵阳市 8 县（市）普通小学在校学生人数由 2003 年的 400 763 人增加到 2015 年的 455 545 人（表 5-18）。

表 5-18　2003～2015 年湖南片区普通小学在校学生人数　（单位：人）

地区	2003 年	2009 年	2013 年	2015 年	地区	2003 年	2009 年	2013 年	2015 年
吉首市	29 106	39 853	37 917	27 918	洪江市	34 854	28 552	24 346	23 673
泸溪县	35 501	21 131	18 477	20 282	石门县	41 444	36 093	30 700	31 781

续表

地区	2003年	2009年	2013年	2015年	地区	2003年	2009年	2013年	2015年
凤凰县	44 809	20 703	17 487	28 209	安化县	55 107	35 894	37 693	58 535
花垣县	31 501	17 252	15 847	24 108	新化县	104 455	65 981	59 490	108 505
保靖县	27 727	14 618	13 162	17 777	冷水江市	24 937	29 056	28 433	33 406
古丈县	13 033	7 044	6 117	7 792	涟源市	101 441	67 577	55 919	63 255
永顺县	51 383	28 987	27 459	35 983	新邵县	53 967	41 114	45 976	59 032
龙山县	65 001	38 424	32 350	41 124	邵阳县	77 157	48 766	44 707	60 712
永定区	32 820	27 884	31 258	35 942	隆回县	77 597	58 311	62 390	107 122
武陵源区	3 781	3 150	3 283	4 848	洞口县	59 115	48 386	55 514	69 280
慈利县	45 453	35 154	33 053	36 923	绥宁县	27 993	17 792	15 066	27 123
桑植县	29 132	18 202	21 468	33 396	新宁县	33 099	27 083	23 687	48 167
鹤城区	33 655	58 629	55 709	52 338	城步县	17 233	9 522	9 081	21 266
中方县	14 343	8 746	9 729	13 641	武冈市	54 602	51 661	61 669	62 843
沅陵县	41 354	24 782	23 802	37 158	新晃县	16 068	8 706	9 696	16 984
辰溪县	34 862	18 333	15 643	29 407	芷江县	28 914	19 455	19 249	22 885
溆浦县	50 819	29 773	33 399	63 039	靖州县	17 103	11 559	12 863	16 884
会同县	22 901	14 476	15 403	22 874	通道县	16 442	7 925	9 213	15 878
麻阳县	29 477	17 041	17 539	16 572					

（四）专任教师

2003～2015年，武陵山片区普通小学专任教师人数由2003年的72 425人增加到2015年的74 515人。其中，湘西州8县（市）普通小学专任教师人数由9300人增加到2015年的12 845人，张家界市4县（区）普通小学专任教师人数由5528人减少到2015年的5517人，怀化市12县（市、区）普通小学专任教师人数由19 774人增加到2015年的20 190人，石门县普通小学专任教师人数由2534人减少到2015年的2104人，安化县普通小学专任教师人数由2477人增加到2015年的2891人，娄底市3县（市）普通小学专任教师人数由12 199人减少到2015年的9500人，邵阳市8县（市）普通小学专任教师人数由20 613人增加到2015年的21 468人（表5-19）。

表 5-19 2003～2015 年湖南片区普通小学专任教师人数 （单位：人）

地区	2003 年	2009 年	2013 年	2015 年	地区	2003 年	2009 年	2013 年	2015 年
吉首市	1 644	2 337	1 534	1 594	洪江市	1 999	2 128	1 917	1 805
泸溪县	1 022	1 463	1 329	1 336	石门县	2 534	2 680	2 087	2 104
凤凰县	1 175	1 661	1 859	1 824	安化县	2 477	2 961	2 959	2 891
花垣县	798	1 220	1 291	1 313	新化县	5 071	4 456	4 272	4 301
保靖县	960	1 240	1 292	1 311	冷水江市	2 387	1 843	1 784	1 687
古丈县	448	643	620	663	涟源市	4 741	4 185	3 715	3 512
永顺县	1 566	2 549	2 233	2 253	新邵县	2 816	2 530	2 580	2 638
龙山县	1 687	2 393	2 387	2 551	邵阳县	2 774	3 127	2 727	2 848
永定区	1 630	1 720	1 924	1 898	隆回县	4 286	4 228	5 564	5 745
武陵源区	156	209	239	243	洞口县	2 886	2 313	2 276	2 484
慈利县	2 233	2 323	1 797	1 747	绥宁县	1 625	1 623	1 560	1 542
桑植县	1 509	1 518	1 650	1 629	新宁县	2 238	1 767	2 001	2 037
鹤城区	3 014	2 943	2 069	2 300	城步县	1 309	1 378	1 415	1 331
中方县	1 213	1 158	1 222	1 215	武冈市	2 679	2 771	2 740	2 843
沅陵县	2 098	2 112	2 214	2 326	新晃县	908	868	949	965
辰溪县	1 751	1 852	2 327	2 186	芷江县	1 277	1 261	1 337	1 298
溆浦县	2 927	2 710	3 389	3 292	靖州县	1 209	932	1 166	1 150
会同县	1 265	1 187	1 263	1 243	通道县	938	776	971	982
麻阳县	1 175	1 234	1 446	1 428					

二、贵州片区

（一）学校规模

2003～2015 年，贵州片区普通小学规模总体变化不大，由 2003 年的 2471 所减少到 2015 年的 1394 所，减少 1077 所。贵州片区 16 个县（区）中除余庆县增加 23 所以及万山区增加 10 所外，其余 14 个县（区）均呈减少状态。其中，沿河县减少 3 所，德江县减少 83 所，印江县减少 47 所，松桃县减少 154 所，江口县减少 101 所，碧江区减少 81 所，玉屏县减少 46 所，思南县减少 124 所，石阡县减少 44 所，道真县减少 85 所，务川县减少 114 所，正安县减少 62 所，凤冈县减少 92 所，湄潭县减少 74 所（表 5-20）。

表 5-20　2003～2015 年贵州片区普通小学规模　（单位：所）

地区	2003 年	2009 年	2013 年	2015 年	地区	2003 年	2009 年	2013 年	2015 年
沿河县	203	226	203	200	思南县	279	239	192	155
德江县	189	211	199	106	石阡县	112	104	86	68
印江县	146	130	121	99	道真县	148	101	77	63
松桃县	295	305	206	141	务川县	190	150	117	76
江口县	128	102	85	27	正安县	168	148	122	106
碧江区	135	132	85	54	凤冈县	177	113	87	85
万山区	32	25	61	42	湄潭县	140	110	93	66
玉屏县	75	44	44	29	余庆县	54	113	92	77
合计	2 471	2 253	1 870	1 394					

（二）在校学生

2003～2015 年，贵州片区普通小学在校学生人数大幅度减少，由 2003 年的 790 273 人减少到 2015 年的 509 566 人，减少 280 707 人。16 县（区）中，除万山区增加 4959 人外，其余 15 县（区）均大幅度减少。其中，沿河县减少 25 404 人，德江县减少 17 719 人，印江县减少 13 491 人，松桃县减少 50 556 人，江口县减少 11 918 人，碧江区减少 4975 人，玉屏县减少 791 人，思南县减少 30 553 人，石阡县减少 19 273 人，道真县减少 4840 人，务川县减少 24 201 人，正安县减少 32 483 人，凤冈县减少 27 415 人，湄潭县减少 20 002 人，余庆县减少 2045 人（表 5-21）。

表 5-21　2003～2015 年贵州片区普通小学在校学生人数　（单位：人）

地区	2003 年	2009 年	2013 年	2015 年	地区	2003 年	2009 年	2013 年	2015 年
沿河县	84 427	87 780	67 193	59 023	思南县	79 653	79 249	54 982	49 100
德江县	63 900	64 882	52 564	46 181	石阡县	46 788	43 713	32 116	27 515
印江县	47 339	42 959	36 298	33 848	道真县	29 228	30 272	25 310	24 388
松桃县	98 324	81 858	53 601	47 768	务川县	55 509	49 929	34 686	31 308
江口县	27 476	21 539	16 425	15 558	正安县	69 355	54 122	36 368	36 872
碧江区	38 190	38 090	29 314	33 215	凤冈县	55 351	43 250	29 645	27 936
万山区	5 190	5 008	9 965	10 149	湄潭县	51 851	47 552	32 610	31 849
玉屏县	12 400	12 102	10 932	11 609	余庆县	25 292	27 306	23 205	23 247
合计	790 273	729 611	545 214	509 566					

（三）专任教师

2003～2015 年，贵州片区普通小学专任教师人数略有增加，由 2003 年的 29 135 人增加到 2015 年的 30 786 人，增加 1651 人。贵州片区 16 县（区）中，普通小学专任教师人数减少的县（区）包括凤冈县（减少 286 人）、石阡县（减少 263 人）、道真县（减少 78 人）、正安县（减少 184 人）、江口县（减少 208 人）、碧江区（减少 76 人）以及湄潭县（减少 51 人）。普通小学专任教师人数增加的县（区）9 个，其中，沿河县增加 1001 人，德江县增加 201 人，印江县增加 13 人，松桃县增加 833 人，万山区增加 256 人，玉屏县增加 172 人，思南县增加 72 人，务川县增加 240 人，余庆县增加 9 人（表 5-22）。

表 5-22　2003～2015 年贵州片区普通小学专任教师人数　（单位：人）

地区	2003 年	2009 年	2013 年	2015 年	地区	2003 年	2009 年	2013 年	2015 年
沿河县	2 380	3 255	3 739	3 381	思南县	2 903	3 026	2 827	2 975
德江县	2 157	2 778	2 848	2 358	石阡县	2 122	2 213	2 223	1 859
印江县	2 024	2 278	1 977	2 037	道真县	1 520	1 475	1 533	1 442
松桃县	2 888	3 511	3 750	3 721	务川县	1 644	2 171	1 908	1 884
江口县	1 126	1 015	1 017	918	正安县	2 428	2 435	2 452	2 244
碧江区	1 930	2 027	1 848	1 854	凤冈县	1 903	1 715	1 726	1 617
万山区	399	307	699	655	湄潭县	2 040	2 056	1 963	1 989
玉屏县	600	631	782	772	余庆县	1 071	1 310	1 186	1 080
合计	29 135	32 203	32 478	30 786					

三、重庆片区

（一）学校规模

2003～2015 年，重庆片区普通小学规模变化较大，由 2003 年的 1659 所减少到 2015 年的 888 所，减少 771 所。其中，黔江区减少 140 所，丰都县减少 81 所，武隆县减少 52 所，石柱县减少 28 所，秀山县减少 204 所，酉阳县减少 150 所，彭水县减少 116 所（表 5-23）。

表 5-23　2003～2015 年重庆片区普通小学规模　（单位：所）

地区	2003 年	2005 年	2007 年	2009 年	2011 年	2013 年	2015 年
黔江区	243	225	185	159	123	116	103
丰都县	209	175	175	168	143	136	128
武隆县	131	126	110	97	84	80	79
石柱县	204	272	250	211	181	176	176
秀山县	340	294	260	243	231	144	136
酉阳县	290	381	218	191	179	178	140
彭水县	242	246	215	201	121	132	126
合计	1659	1719	1413	1270	1062	962	888

（二）在校学生

2003～2015 年，重庆片区普通小学在校学生人数总体在减少，由 2003 年的 356 671 人减少到 2015 年的 328 660 人，减少 28 011 人。2003～2005 年，普通小学在校学生人数总体在增加，2005 年开始逐年减少。

在重庆片区 7 县（区）中，除武隆县、石柱县、酉阳县普通小学在校学生人数增加外，其他 4 县（区）普通小学在校学生人数减少。其中，黔江区减少 12 878 人，丰都县减少 13 153 人，武隆县增加 4874 人，石柱县增加 8750 人，秀山县减少 21 056 人，酉阳县增加 9362 人，彭水县减少 3910 人（表 5-24）。

表 5-24　2003～2015 年重庆片区普通小学在校学生人数　（单位：人）

地区	2003 年	2005 年	2007 年	2009 年	2011 年	2013 年	2015 年
黔江区	56 435	58 960	54 309	48 815	44 520	44 256	43 557
丰都县	70 291	66 544	66 489	60 097	62 829	62 639	57 138
武隆县	22 916	35 638	31 971	27 016	25 136	26 589	27 790
石柱县	28 358	53 277	51 276	42 353	40 822	39 696	37 108
秀山县	64 233	78 505	69 048	53 167	43 079	41 478	43 177
酉阳县	57 651	95 302	84 370	73 462	66 441	65 146	67 013
彭水县	56 787	84 704	78 865	67 356	58 600	56 200	52 877
合计	356 671	472 970	436 328	372 266	341 427	336 004	328 660

（三）专任教师

2003～2015 年，重庆片区普通小学专任教师人数总体在增加，由 2003 年的 17 724 人增加到 2015 年的 20 111 人，增加 2387 人。其中，黔江区增加 389 人，丰都县增加 1021 人，武隆县减少 135 人，石柱县减少 175 人，秀山县增加 166 人，酉阳县增加 419 人，彭水县增加 702 人（表 5-25）。

表 5-25　2003～2015 年重庆片区普通小学专任教师人数　（单位：人）

地区	2003 年	2005 年	2007 年	2009 年	2011 年	2013 年	2015 年
黔江区	2 197	2 169	2 596	2 600	2 662	2 630	2 586
丰都县	2 020	2 839	2 934	2 384	2 983	3 114	3 041
武隆县	1 985	2 061	2 088	1 946	1 894	1 814	1 850
石柱县	2 773	2 800	2 845	2 736	2 714	2 642	2 598
秀山县	2 728	2 767	3 237	3 244	3 063	2 953	2 894
酉阳县	3 282	3 531	3 998	4 007	3 784	3 857	3 701
彭水县	2 739	2 801	3 550	3 826	3 722	3 561	3 441
合计	17 724	18 968	21 248	20 743	20 822	20 571	20 111

四、湖北片区

（一）秭归县、长阳县及五峰县

2012 年，长阳县有小学 53 所，特殊教育学校 1 所；小学生 15 624 人。五峰县有小学 23 所；小学生 6587 人。秭归县有小学 39 所；小学生 13 668 人。

2013 年，长阳县有小学 32 所，教学点 13 个；小学生 14 504 人；全县共有中小学幼儿园教职工 2759 人（其中专任教师 2155 人）。五峰县有小学 22 所；小学生 6515 人，在职教职工 1507 人；小学升初中的比例达到 100%，义务教育完成率达到 100%。

2014 年，长阳县有小学 28 所，特殊教育学校 1 所，教学点 14 个；小学生 14 233 人，全县共有中小学幼儿园教职工 2673 人，其中专任教师 2155 人。秭归县有小学 36 所（含 8 个教学点）；小学生 13 233 人，2014 年 9 月，秭归县顺利通过义务教育均衡发展国家复核认定。

2015 年，长阳县有小学 40 所；小学生 14 335 人，初中适龄少年入学率为 100%。五峰县有小学 15 所，教学点 4 个；在校学生 6787 人，小学升初中的比例达到 100%。秭归县有小学 28 所；小学生 13 386 人，共有在编教职工 2837 人；获批全国义务教育发展基本均衡县。

（二）恩施州

2008 年，恩施州教育有普通小学 5 所；在校学生 984 人，教职工数 83 人。

2012 年，恩施州资助义务教育阶段学生 747 725 人，受助资金为 11 383 万元。

2013 年，恩施州有普通小学 510 所；小学适龄儿童全部人学，教职工 13 310 人；义务教育学校标准化和寄宿制建设项目 158 个；农村小学教师住房建设项目 32 个；完成 100 所义务教育学校“班班通”建设及 30 所学校后勤标准化设施建设。

2014 年，恩施州有小学 512 所；教职工数 13 341 人；对农村义务教育阶段学生全部免除学杂费，农村义务教育阶段免费教科书受助学生 65.55 万人次，资金 3583 万元；农村义务教育阶段学生营养改善计划惠及 28 万人，资金 1.7 亿元；“一补”资金补助 6.18 万人，资金 7074 万元。

2015 年，恩施州有小学 483 所；小学教职工 13 756 人。全面实施农村学校学生营养改善计划，惠及学生 28 万多人。全年全州启动义务教育阶段建设项目 727 个，投入资金为 8.08 亿元，建设面积为 68.52 万 m^2（含运动场）。全年启动“全面改薄”土建项目 661 个，投入资金达 2.69 亿元，建设面积为 43.91 万 m^2；义务教育家庭经济困难寄宿生生活补助达 6625 万元，资助学生 53 907 人，占寄宿生的 40%。

第六章　武陵山片区教育扶贫时空差异分析

百年大计，教育为本，扶贫发展作为国家始终关注的重点问题，教育也应当在其中发挥重要的作用，因此，研究教育与减贫之间存在的关系，有助于认清教育在贫困山区脱贫致富的过程中扮演何种角色，起到何种作用，同时充分利用教育的益贫性，建立教育减贫的长效机制，为最后的脱贫攻坚加油助推。武陵山片区是国家重点关注的贫困山区，将武陵山片区作为研究对象可以对全国范围内的脱贫发展起到很大的借鉴意义。本章以武陵山片区 71 个县（市、区）为研究对象，建立耦合度以及耦合协调度模型，从时间与空间两个维度研究教育与减贫之间的关系，分析其中蕴含的规律，为武陵山片区乃至全国所有重点连片特困区的脱贫攻坚提供相关政策建议，以便更好地发挥教育对于减贫的积极作用。

第一节　数据来源及处理

一、数据来源

本章选取武陵山片区 71 县（市、区）为研究对象，其中，湖南片区包括湘西州、怀化市、娄底市、邵阳市等在内的 37 个县（市、区）；重庆片区包括黔江区、丰都县、武隆县、石柱县、秀山县、酉阳县、彭水县 7 个县（市、区）；湖北片区包括秭归县、五峰县、长阳县、恩施市、利川市、建始县、宣恩县、咸丰县、来凤县、鹤峰县、巴东县 11 县（市）；贵州片区包括碧江区、玉屏县、江口县、石阡县、思南县、印江县、德江县、沿河县、松桃县、万山区、务川县、正安县、道真县、湄潭县、凤冈县、余庆县 16 县（区）。相关数据来自各省（直辖市）历年的统计年鉴以及各县（市、区）的经济与社会发展统计公报，部分缺失数据通过年均增长率推算得来。

二、数据处理

本研究将所获得的数据整理后发现，2008 年在脱贫发展方面，武陵山片区 71 县（市、区）中人均 GDP 最高的是湖南省张家界市武陵源区（35 406 元），最低的是贵州省正安县（3464 元）；财政收入最高的是重庆市黔江区（68 337 万元），最低的是贵州省万山区（2893 万元）；农村居民人均纯收入最高的是湖南省冷水江市（5173 元），最低的是贵州省凤冈县（1727 元）。在教育发展方面，中等学校数量最多的是湖南省新化县（116 所），最少的是湖南省张家界市武陵源区（4 所）；中等学校在校学生数量最多的是湖南省涟源市（67 577 人），最少的是贵州省万山县（2849 人）；小学数量最多的是湖南省溆浦县（352 所），最少的是湖南省沅陵县（14 所）；小学在校学生数量最多的是沿河县（87 780 人），最少的是湖南省张家界市武陵源区（3150 人）（表 6-1）。

表 6-1　2008 年各县（市、区）指标最大值与最小值

指标	最高县（市、区）		最低县（市、区）	
	城市	数值	城市	数值
人均 GDP/元	武陵源区	35 406	正安县	3 464
财政收入/万元	黔江区	68 337	万山区	2 893
农村居民人均纯收入/元	冷水江市	5 173	凤冈县	1 727
中等学校数量/所	新化县	116	武陵源区	4
中等学校在校学生数量/人	涟源市	67 577	万山县	2 849
小学数量/所	溆浦县	352	沅陵县	14
小学在校学生数量/人	沿河县	87 780	武陵源区	3 150

2012 年，在脱贫发展方面，武陵山片区 71 县（市、区）中人均 GDP 最高的是湖南省冷水江市（64 257 元），最低的是贵州省务川县（8924 元）；财政收入最高的是重庆市黔江区（155 209 万元），最低的是湖南省古丈县（10 840 万元）；农村居民人均纯收入最高的是湖南省冷水江市（10 441 元），最低的是湖南省隆回县（3178 元）。在教育发展方面，中等学校数量最多的是湖南省的新化县（112 所），最少的是湖南省张家界市武陵源区（3 所）；中等学校在校学生数量最多的是湖南省隆回县（62 390 人），最少的是湖南省张家界市武陵源区（3283 人）；小学数量最多的是湖南省隆回县（273 所），最少的是湖南省张家界市武陵源区（3 所）；小学在校学生数最多的是贵州省的沿河县（67 193 人），最少的是湖南省张家界市武陵源区（3283 人）（表 6-2）。

表 6-2　2012 年各县（市、区）指标最大值与最小值

指标	最高县（市、区）		最低县（市、区）	
	城市	数值	城市	数值
人均 GDP/元	冷水江市	64 257	务川县	8 924
财政收入/万元	黔江区	155 209	古丈县	10 840

续表

指标	最高县（市、区）		最低县（市、区）	
	城市	数值	城市	数值
农村居民人均纯收入/元	冷水江市	10 441	隆回县	3 178
中等学校数量/所	新化县	112	武陵源区	3
中等学校在校学生数量/人	隆回县	62 390	武陵源区	3 283
小学数量/所	隆回县	273	武陵源区	3
小学在校学生数量/人	沿河县	67 193	武陵源区	3 283

2015 年，在脱贫发展方面，武陵山片区 71 县（市、区）中人均 GDP 最高的是湖南省冷水江市（78 672 元），最低的是湖南省隆回县（12 777 元）；财政收入最高的是湖北省恩施州（214 400 万元），最低的是贵州省江口县（17 961 万元）；农村居民人均纯收入最高的是湖南省冷水江市（18 239 元），最低的是湖南省古丈县（5265 元）。在教育发展方面，中等学校数量最多的是湖南省新化县（112 所），最少的是湖南省张家界市武陵源区（3 所）；中等学校在校学生数量最多的是湖南省隆回县（67 373 人），最少的是湖南省张家界市武陵源区（3479 人）；小学数量最多的是湖南省新化县（257 所），最少的是湖南省张家界市武陵源区（7 所）；小学在校学生数最多的是湖南省新化县（108 505 人），最少的是湖南省张家界市武陵源区（4848 人）（表 6-3）。

表 6-3　2015 年各县（市、区）指标最大值与最小值

指标	最高县（市、区）		最低县（市、区）	
	城市	数值	城市	数值
人均 GDP/元	冷水江区	78 672	隆回县	12 777
财政收入/万元	恩施州	214 400	江口县	17 961
农村居民人均纯收入/元	冷水江市	18 239	古丈县	5 265
中等学校数量/所	新化县	112	武陵源区	3
中等学校在校学生数量/人	隆回县	67 373	武陵源区	3 479
小学数量/所	新化县	257	武陵源区	7
小学在校学生数量/人	新化县	108 505	武陵源区	4 848

第二节　指标体系构建

本章主要研究武陵山片区 71 县（市、区）的教育与扶贫之间的关系，因此要构建衡量各地区教育水平与扶贫成效两个指标体系。其中在构建教育水平时选取中等学校数量、中等学校在校学生数量、小学数量、小学在校学生数量 4 个指标；在构建扶贫成效时则选取人均 GDP、财政收入和农村居民人均纯收入 3 个指标（表 6-4）。

表 6-4　武陵山片区教育扶贫指标体系及权重值（2015 年）

系统名称	指标名称	属性	均值	标准差	变异系数	权重
扶贫成效	人均 GDP/元	正向	25 072.54	12 265.07	0.49	0.36
	财政收入/万元	正向	60 154.52	39 991.61	0.66	0.48
	农村居民人均纯收入/元	正向	7 752.16	1 720.13	0.22	0.16
教育水平	中等学校数量/所	正向	31.31	17.59	0.56	0.22
	中等学校在校学生数量/人	正向	28 431.79	15 568.90	0.55	0.22
	小学数量/所	正向	70.68	57.69	0.82	0.33
	小学在校学生数量/人	正向	35 580.39	20 771.95	0.58	0.23

第三节　模型建立

本节引用物理学中耦合的概念来研究武陵山各县（市、区）教育与扶贫之间的关系。耦合是指两个或两个以上系统或运动形式通过各种相互作用而彼此影响的现象。同时，为避免两个系统发展水平都较低但耦合度却较高的假象，引入耦合协调度模型来客观反映混合系统整体协调状况的水平。

将教育水平与扶贫成效看作两个系统，借用物理学容量耦合系统模型来定量评价两者间的耦合关系，计算公式如下：

$$C = 2 \times \sqrt{\frac{U_1 \times U_2}{(U_1 + U_2)^2}} \tag{6-1}$$

式中，C 为两个系统间的耦合度，取值为 0～1，C 值越大，系统间相互影响程度越高；U_1、U_2 分别为教育水平与扶贫成效的综合评价值，计算公式如下：

$$U_i = \sum_{j=1}^{n} y_{ij} \times w_j \quad (j = 1, 2, 3, \cdots, n) \tag{6-2}$$

式中，U_i 为某个系统（教育水平、扶贫成效）第 i 个地区的综合评价值；y_{ij} 为该系统中第 i 个地区第 j 个指标的标准化值；w_j 为该系统中第 j 个指标的权重。在计算各指标权重之前首先要对原始数据进行无量纲化处理，本节无量纲化处理方式采用极值法，计算公式如下：

$$y_j = \begin{cases} \dfrac{y_j - \min(y_j)}{\max(y_j) - \min(y_j)} (\text{当指标} y_j \text{为正向指标时}) \\ \dfrac{\max(y_j) - y_j}{\max(y_j) - \min(y_j)} (\text{当指标} y_j \text{为逆向指标时}) \end{cases} \tag{6-3}$$

权重赋值的方法可分为主观和客观两种，前者主要包括层次分析法和德尔菲法，后者主要包括变异系数法、熵值法、离差最大化法等。本节所求权重采取的方法为变异系数法，计算公式如下：

$$w_j = \frac{V_j}{\sum_{j=1}^{n} V_j} \tag{6-4}$$

式中，w_j 为各系统第 j 个指标的权重；V_j 为第 j 个指标的变异系数。其中变异系数的计算公式如下：

$$V_j = \frac{\sigma_j}{\overline{x}_j} \tag{6-5}$$

式中，σ_j 为系统中第 j 个指标的标准差；$\overline{x}_j$ 为第 j 个指标平均数。

耦合度只是描述子系统间相互作用程度的强弱，即使各子系统整体发展水平较低，耦合度也不会因此变低。为了客观描述系统间协调发展水平，本节引入耦合协调度概念，以量化各个子系统间协调发展程度，体现子系统间是否保持着良性互动和健康发展。耦合协调度计算公式如下：

$$D = \{C \times T\}^{1/2} \tag{6-6}$$

式中，D 为教育水平与扶贫成效两者间的耦合协调度；C 为耦合度；T 为两个系统的综合评价指数，计算公式如下：

$$T = aU_1 + bU_2 \tag{6-7}$$

式中，U_1、U_2 分别为教育水平与扶贫成效两个系统的综合评价值；a、b 为待定系数，反映的是教育水平和扶贫成效对整体协调发展的相对重要程度，有 $a+b=1$。本研究中教育水平与扶贫成效具有同等重要性，因此在本研究中 a、b 均赋值为 1/2。为更清晰直观地反映耦合度与耦合协调度数值所表示的含义及其阶段性特征，本研究参考了大量的相关研究，将耦合度与耦合协调度进行了等级划分，分类标准见表 6-5 和表 6-6。

表 6-5　耦合度分类标准及阶段性特征

耦合度取值区间	所属阶段	特征描述
$C=0$	耦合度为 0	各子系统间无相互作用
$0<C\leqslant 0.3$	耦合度极低	各子系统间存在相互作用，但作用强度极低

续表

耦合度取值区间	所属阶段	特征描述
0.3＜C≤0.5	拮抗时期	各子系统间存在相互作用，且作用强度较高
0.5＜C≤0.8	磨合时期	各子系统间作用显著，复合系统形成良性耦合
0.8＜C≤1	成熟时期	各子系统间相互促进，最终走向有序发展

表 6-6　耦合协调度等级分类标准

0＜D≤0.2	0.2＜D≤0.4	0.4＜D≤0.5	0.5＜D≤0.8	0.8＜D≤1
严重失调	中度失调	基本协调	中度协调	高度协调

第四节　模型结果分析

将武陵山片区 71 个县（市、区）的相关数据代入第三节建立的模型中，选取 2008 年、2012 年以及 2015 年的结果作时间上的比较，结果见表 6-7。

表 6-7　武陵山片区各县（市、区）耦合度与耦合协调度

地区		2008 年		2012 年		2015 年	
		耦合度	耦合协调度	耦合度	耦合协调度	耦合度	耦合协调度
湖南片区	新邵县	0.8923	0.5529	0.7333	0.5257	0.8581	0.5811
	邵阳县	0.7779	0.5348	0.6354	0.4937	0.8152	0.5296
	隆回县	0.7357	0.5670	0.5625	0.5276	0.7153	0.5902
	洞口县	0.9367	0.6333	0.6973	0.5517	0.7929	0.5833
	绥宁县	0.9943	0.4597	0.9916	0.4193	0.9902	0.3849
	新宁县	0.9111	0.4770	0.7755	0.4360	0.8800	0.4512
	城步县	0.9313	0.3874	0.6247	0.3107	0.7402	0.2525
	武冈市	0.9589	0.6537	0.7929	0.6059	0.8670	0.5583
	石门县	0.9979	0.6297	0.9999	0.5897	0.9986	0.5586
	永定区	0.9879	0.5727	0.9981	0.5545	0.9998	0.5269
	武陵源区	0.2558	0.2914	0.2747	0.2672	0.2793	0.2649
	慈利县	0.9937	0.5563	0.9785	0.5405	0.9907	0.5042
	桑植县	0.9610	0.4087	0.8860	0.3865	0.8510	0.3645
	安化县	0.9240	0.5312	0.8679	0.4939	0.8940	0.5173
	鹤城区	0.9991	0.7126	0.9986	0.7204	0.9984	0.6480
	中方县	0.8505	0.4385	0.9001	0.4540	0.9256	0.4023

续表

地区		2008年		2012年		2015年	
		耦合度	耦合协调度	耦合度	耦合协调度	耦合度	耦合协调度
湖南片区	沅陵县	0.9956	0.5467	0.9981	0.5528	0.9934	0.4836
	辰溪县	0.9578	0.4630	0.9999	0.4577	0.9911	0.4179
	溆浦县	0.8656	0.5786	0.9431	0.5433	0.8651	0.4837
	会同县	0.9930	0.4670	0.9926	0.4046	0.9834	0.3601
	麻阳县	0.9676	0.3908	0.9634	0.3814	0.9434	0.3282
	新晃县	0.9971	0.3142	0.9954	0.3292	0.9760	0.3049
	芷江县	0.9866	0.3948	0.9994	0.4544	0.9974	0.4124
	靖州县	0.9586	0.3733	0.9731	0.4011	0.9928	0.3518
	通道县	0.9044	0.3258	0.9974	0.2736	0.8725	0.2479
	洪江市	0.9587	0.4470	0.9987	0.5472	0.9936	0.4364
	新化县	0.7167	0.6182	0.7393	0.5886	0.6915	0.6280
	冷水江市	0.8658	0.7066	0.8730	0.7220	0.8810	0.6830
	涟源市	0.9259	0.7132	0.9121	0.6264	0.8498	0.6229
	吉首市	0.9987	0.6302	0.9981	0.5777	0.9929	0.5334
	泸溪县	0.9807	0.4524	0.9800	0.3863	0.9518	0.3249
	凤凰县	0.9319	0.5001	0.9944	0.4283	0.9963	0.4376
	花垣县	0.9814	0.5761	0.9993	0.4228	0.9919	0.3799
	保靖县	0.9910	0.4365	0.9914	0.3493	0.9441	0.3099
	古丈县	0.9974	0.2913	0.9846	0.2306	0.9914	0.2106
	永顺县	0.8484	0.4499	0.7746	0.3824	0.6827	0.3325
	龙山县	0.8665	0.4997	0.7883	0.3988	0.8531	0.4060
重庆片区	黔江区	0.9901	0.7183	0.9906	0.7348	0.9734	0.6966
	丰都县	0.9885	0.6767	0.9712	0.6950	0.9936	0.6692
	武隆县	0.9499	0.5738	0.9647	0.5858	0.9378	0.5615
	石柱县	0.9956	0.6326	0.9933	0.6540	0.9998	0.6468
	秀山县	0.9885	0.6706	0.9967	0.6595	0.9935	0.6003
	酉阳县	0.8926	0.6159	0.9219	0.6737	0.9488	0.6258
	彭水县	0.9765	0.6666	0.9616	0.6409	0.9887	0.6126
湖北片区	秭归县	0.9686	0.4260	0.9733	0.4372	0.8733	0.4283
	长阳县	0.9949	0.4802	0.9967	0.4751	0.9355	0.4591
	五峰县	0.8906	0.3385	0.9138	0.3378	0.7746	0.3119
	恩施市	0.9850	0.5920	0.9868	0.6417	0.9952	0.6608

续表

地区		2008年		2012年		2015年	
		耦合度	耦合协调度	耦合度	耦合协调度	耦合度	耦合协调度
湖北片区	利川市	0.9262	0.5612	0.8780	0.5805	0.9307	0.5660
	建始县	0.9984	0.4229	0.9615	0.4396	0.9813	0.4376
	巴东县	0.9917	0.4528	0.9775	0.4791	0.9909	0.4573
	宣恩县	0.9947	0.3802	0.9587	0.3808	0.9879	0.3636
	咸丰县	0.9947	0.3810	0.9786	0.4187	0.9909	0.4100
	来凤县	0.9995	0.3785	0.9852	0.4028	0.9992	0.4045
	鹤峰县	0.9594	0.3579	0.9885	0.3521	0.9443	0.3331
贵州片区	沿河县	0.7194	0.5092	0.7931	0.5832	0.7285	0.5041
	德江县	0.7402	0.4794	0.7748	0.5338	0.8871	0.5006
	印江县	0.8380	0.4326	0.8110	0.4546	0.9069	0.4501
	松桃县	0.6965	0.5386	0.7702	0.5539	0.8608	0.5281
	江口县	0.9510	0.3854	0.9792	0.4262	0.9975	0.3330
	碧江区	0.9996	0.5875	0.9999	0.6053	0.9855	0.6010
	万山区	0.7894	0.2332	0.9715	0.3199	0.9703	0.3582
	玉屏县	0.8472	0.4089	0.8974	0.4457	0.7887	0.4077
	思南县	0.6709	0.5042	0.7376	0.5056	0.7955	0.5267
	石阡县	0.8367	0.4231	0.8750	0.4539	0.8852	0.4118
	道真县	0.8286	0.3702	0.7993	0.4098	0.9608	0.4186
	务川县	0.7296	0.4158	0.7340	0.4389	0.8868	0.4404
	正安县	0.7448	0.4547	0.7860	0.4543	0.8801	0.4775
	凤冈县	0.6340	0.3556	0.8741	0.4594	0.9375	0.4462
	湄潭县	0.9701	0.5267	0.9650	0.5449	0.9901	0.5038
	余庆县	0.9953	0.5241	0.9873	0.5763	0.9988	0.4605

从耦合度来看，2015年，除了湖南片区张家界市武陵源区的耦合度低于0.3（0.2793）外，武陵山片区教育水平与扶贫成效的耦合程度大体进入了磨合时期甚至是成熟时期，其中位于磨合时期的共9个县（市、区）（$0.5<C\leqslant0.8$），湖南片区5个，分别为隆回县、洞口县、城步县、新化县、永顺县；湖北片区1个，为五峰县；贵州片区3个，分别为沿河县、玉屏县和思南县。而剩余的61个县（市、区）均已经达到了成熟时期（$0.8<C\leqslant1$），其中湖南片区31个，在湖南片区37县（市、区）中占83.78%，重庆片区7县（市）全部达到成熟时期，湖北片区10个，只有一个未达到成熟时期（五峰县），贵州片区13个，占贵州片区16县（区）的

81.25%。充分表明了武陵山片区教育与扶贫之间存在相当显著的相互作用关系，意味着教育的发展对地区的扶贫有极大的影响。

从耦合协调度来看，2015 年，共有 19 个县（市、区）没有达到协调状态（$D<0.4$），其中，湖南片区 14 个，分别为绥宁县、城步县、武陵源区、桑植县、会同县、麻阳县、新晃县、靖州县、通道县、泸溪县、花垣县、保靖县、古丈县和永顺县；湖北片区 3 个，为五峰县、宣恩县和鹤峰县；贵州片区 2 个，为江口县和万山区。达到基本协调（$0.4<D\leqslant0.5$）的有 23 个县（市、区），其中，湖南片区 9 个，分别为新宁县、中方县、沅陵县、辰溪县、溆浦县、芷江县、洪江市、凤凰县和龙山县；湖北片区 6 个，分别为秭归县、长阳县、建始县、巴东县、咸丰县和来凤县；贵州片区 8 个，分别为印江县、玉屏县、石阡县、道真县、务川县、正安县、凤冈县和余庆县。剩余 29 个县（市、区）则均处于中度协调（$0.5<D\leqslant0.8$）状态，其中湖南片区 14 个，重庆片区 7 个，湖北片区 2 个，贵州片区 6 个。

从耦合度的时间演变规律来看，2008～2015 年，耦合度上升的有 33 个县（市、区），占比为 46.48%，其中上升幅度最大的是贵州片区凤冈县，从 2008 年的 0.6340 上升到 2015 年的 0.9375，耦合关系从磨合时期转变为成熟时期；耦合度下降的有 38 个县（市、区），占比为 53.52%，其中下降幅度最大的是湖南片区城步县，从 2008 年的 0.9313 下降到 2015 年的 0.7402，下降了 0.1911，耦合关系从成熟时期转变为磨合时期。2008～2012 年，耦合度上升的有 37 个县（市、区），占比为 52.11%，其中上升幅度最大的为贵州片区凤冈县，从 2008 年的 0.6340 上升到 2012 年的 0.8741，耦合关系从磨合时期转变为成熟时期；耦合度下降的有 34 个县（市、区），占比为 47.89%，其中下降幅度最大的是湖南片区城步县，从 2008 年的 0.9313 下降到 2012 年的 0.6247，下降了 0.3066，耦合关系从成熟时期转变为磨合时期。2012～2015 年，耦合度上升的有 40 个县（市、区），占比为 56.34%，其中上升幅度最大的为湖南片区的邵阳县，从 2012 年的 0.6354 上升到 2015 年的 0.8152，耦合关系从磨合时期转变为成熟时期；耦合度下降的有 31 个县（市、区），占比为 43.66%，其中下降幅度最大的是湖北片区五峰县，从 2012 年的 0.9138 下降到 2015 年的 0.7746，下降了 0.1392，耦合关系从成熟时期转变为磨合时期。

从耦合协调度的时间演变规律来看，2008～2015 年，耦合协调度上升的有 22 个县（市、区），占比为 30.99%，其中上升幅度最大的是贵州片区万山区，从 2008 年的 0.2332 上升到 2015 年的 0.3582，但依然处于中度失调状态；耦合协调度下降的有 49 个县（市、区），占比为 69.01%，其中下降幅度最大的是湖南片区花垣县，从 2008 年的 0.5761 下降到 2015 年的 0.3799，下降了 0.1962，耦合协调关系从中度协调转变为中度失调。2008～2012 年，耦合协调度上升的有 36 个县

（市、区），占比为 50.70%，其中上升幅度最大的是贵州片区凤冈县，从 2008 年的 0.3556 上升到 2012 年的 0.4594，但依然处于中度失调状态；耦合协调度下降的有 35 个县（市、区），占比为 49.30%，其中下降幅度最大的是湖南片区花垣县，从 2008 年的 0.5761 下降到 2012 年的 0.4228，下降了 0.1533，耦合协调关系从基本协调转变为中度失调。2012～2015 年，耦合协调度上升的有 16 个县（市、区），占比为 22.54%，其中上升幅度最大的是湖南片区隆回县，从 2012 年的 0.5276 上升到 2015 年的 0.5902，依然保持在中度协调状态；耦合协调度下降的有 55 个县（市、区），占比为 77.46%，其中下降幅度最大的是贵州片区余庆县，从 2012 年的 0.5763 下降到 2015 年的 0.4605，下降了 0.1158，耦合协调关系从基本协调转变为中度失调。

为了更直观地显示各个地区耦合协调度的差异，将 2008 年、2012 年和 2015 年计算结果绘制成图，将耦合协调度的数值分为三个标准，$D\leqslant 0.4$ 为中度失调，用蓝色表示；$0.4<D\leqslant 0.5$ 为基本协调，用黄色表示；$0.5<D\leqslant 0.8$ 为中度协调，用红色表示；具体如图 6-1 所示。

以上分析是以县级市、区为单位，因此在分析教育减贫的协调发展时未能将高等教育这一因素纳入分析中。因此为进一步考察高等教育对减贫的影响，将武陵山片区分为湖南片区、湖北片区、重庆片区和贵州片区四个片区，并建立新的指标体系，见表 6-8。

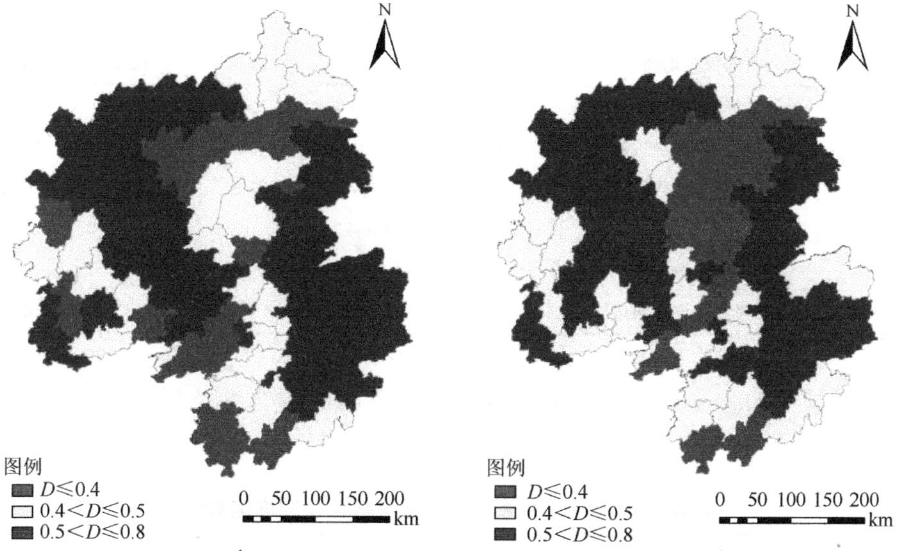

(a) 2008年　(b) 2012年

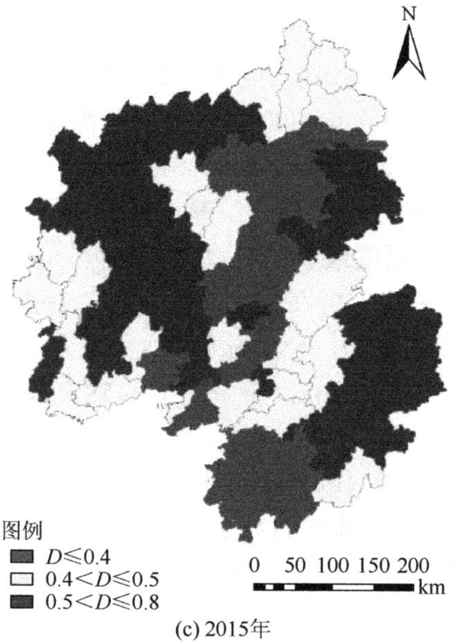

(c) 2015年

图 6-1　武陵山片区教育减贫耦合协调度测算（见彩图）

表 6-8　武陵山片区教育扶贫指标体系及权重值（2015 年）

系统名称	指标名称	属性	均值	标准差	变异系数	权重
扶贫成效	人均 GDP/元	正向	25 828.05	3 022.62	1.23	0.32
	财政收入/万元	正向	1 067 743	513 940.6	1.35	0.35
	农村居民人均纯收入/元	正向	7 993.86	589.55	1.24	0.33
教育水平	高等学校数量/所	正向	3.75	2.98	0.78	0.11
	高等学校在校学生数量/人	正向	44 554.75	35 577.23	0.78	0.11
	中等学校数量/所	正向	555.75	583.61	1.52	0.22
	中等学校学生数量/人	正向	504 664.25	390 184.22	1.29	0.19
	小学数量/所	正向	1 254.57	699.71	0.99	0.15
	小学在校学生数量/人	正向	631 552	518 901.17	1.47	0.22

通过同样的方法计算 2015 年四个片区各自的耦合度及耦合协调度，结果见表 6-9。

表 6-9　各片区 2015 年耦合度与耦合协调度测算值

地区	耦合度	耦合协调度
湖南片区	0.9099	0.8019
重庆片区	0.5080	0.4482

续表

地区	耦合度	耦合协调度
湖北片区	0.9918	0.3618
贵州片区	0.8321	0.4501

从表 6-9 可以看出，在耦合度方面，除重庆片区尚处于磨合时期外，另外三个片区均已达到成熟时期，其结果同各县（市、区）结果基本保持一致，进一步证明武陵山片区教育与减贫之间存在强烈的相互影响的关系。在耦合协调度方面，湖北片区整体处于中度失调，贵州片区与重庆片区处于基本协调，湖南片区处于中度协调，将所得结果按照耦合协调度的三个等级（中度失调、基本协调和中度协调）进行区分，如图 6-2 所示。

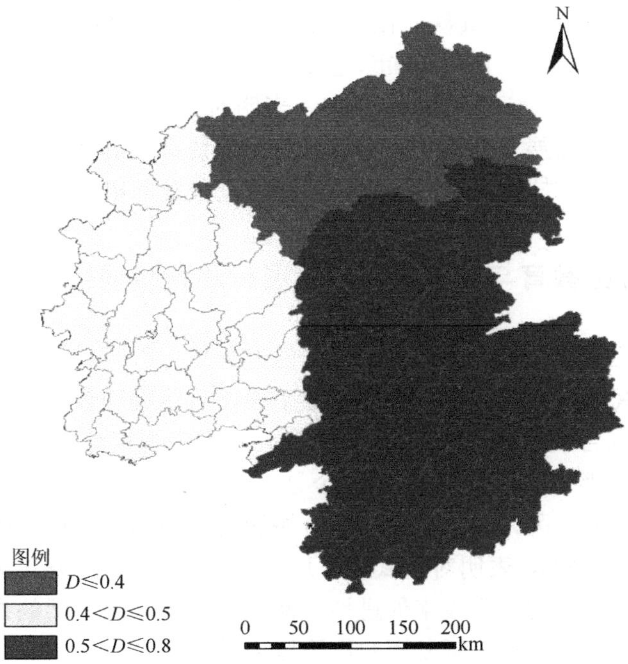

图 6-2　各片区教育减贫耦合协调度测算（见彩图）

一、武陵山片区整体教育的发展能够显著促进地方减贫

从耦合度的计算结果来看，除了湖南片区张家界市武陵源区外，其他 70 个县（市、区）的教育与减贫均存在明显的耦合关系，说明武陵山片区整体上教育与减贫两者间有着显著相互影响的关系，即地方教育的发展对地区减贫的发展有显著

的促进作用，同时地区减贫的发展也能够影响地方教育的发展。这种现象尤其以重庆片区最为明显，在整个武陵山片区耦合关系达到成熟时期的 61 个县（市、区）中重庆片区的 7 个县（市）均位列其中；其次是湖北片区，在整个湖北片区的 11 个县（市）当中只有一个未达到成熟时期（五峰县），比例为 90.91%；再次是湖南片区，片区内的 37 个县（市、区）中只有 31 个达到成熟时期，比例为 83.78%；最后是贵州片区，片区内的 16 个县（区）中只有 13 个达到成熟，比例为 81.25%。

二、武陵山片区暂未能充分发挥教育扶贫的作用

从耦合度的计算来看，可以认为武陵山片区教育对于扶贫有着极其重要的作用，但从耦合协调度的计算来看，武陵山片区暂时还未能完全发挥其作用，让两者协调发展。首先，在武陵山片区 71 个县（市、区）当中还没有一个县（市、区）达到高度协调（$D>0.8$）；其次，在 2015 年达到中度协调的也仅有 29 个县（市、区），在整个武陵山片区 71 个县（市、区）中占比为 40.85%，且还有 19 个县（市、区）处于中度失调状态，占比为 26.76%，表明对于武陵山片区的大部分县（市、区）而言，教育的发展与减贫还没有进入良性的协调发展状态，充分说明了武陵山片区大部分地区在扶贫攻坚的过程中还未能充分发挥出教育的减贫作用。

三、武陵山片区教育与扶贫的协调发展正逐渐减弱

研究结果显示，武陵山片区目前还未能充分发挥教育对扶贫的优势作用，教育并没有成为武陵山片区扶贫攻坚的有效手段，且这种现象正随着时间的变化逐渐增强。通过耦合度与耦合协调度在时间上的演变规律分析，我们可以看到，2008～2012 年，耦合度上升的仅有 33 个县（市、区），占比为 46.48%，不到武陵山片区所有县（市、区）的一半，而耦合协调度上升的县（市、区）更少，仅有 22 个，占比为 30.98%，表明对于武陵山片区大部分县（市、区）来说，不仅没有充分有效地利用教育这一手段来促进地方减贫，而且随着时间的推移，教育在武陵山片区的扶贫发展过程中所发挥的作用日趋减弱。

四、武陵山片区教育扶贫区域发展不平衡

从历年的耦合协调度水平来看，武陵山片区 71 个县（市、区）中有的县（市、区）教育与减贫已经达到中度协调的状态，而有的县（市、区）还处于中度失调的状态，体现了武陵山片区区域间教育与减贫的协调发展存在不平衡、不充分的现象。2008 年，武陵山片区 71 个县（市、区）中有 17 个县（市、区）处于中度

失调状态（$D<0.4$），21 个县（市、区）处于基本协调状态（$0.4<D\leqslant0.5$），剩下的 33 个县（市、区）处于中度协调状态（$0.5<D\leqslant0.8$），其中最小的是贵州片区万山区（0.2332），最大的是重庆片区黔江区（0.7183），两者相差 0.4851。2012 年，武陵山片区 71 个县（市、区）中有 15 个县（市、区）处于中度失调状态（$D<0.4$），25 个县（市、区）处于基本协调状态（$0.4<D\leqslant0.5$），剩下的 31 个县（市、区）处于中度协调状态（$0.5<D\leqslant0.8$），其中最小的是湖南片区古丈县（0.2913），最大的依然是重庆片区黔江区（0.7348），两者相差 0.4435。2015 年，武陵山片区 71 个县（市、区）中有 19 个县（市、区）处于中度失调状态（$D<0.4$），23 个县（市、区）处于基本协调状态（$0.4<D\leqslant0.5$），剩下的 29 个县（市、区）处于中度协调状态（$0.5<D\leqslant0.8$），其中最小的是湖南片区古丈县（0.2106），最大的是重庆片区黔江区（0.6962），两者相差 0.4856；显然，在教育与减贫的协调发展程度上，武陵山片区 71 个县（市、区）的发展始终处于三个不同的发展阶段，呈现出阶梯状的发展态势，且不同阶段间还存在较大的差距。

第七章　武陵山片区教育扶贫协调发展的空间自相关分析

大力发展地区教育扶贫不仅是我国社会发展与扶贫模式转变的必然要求，也是贫困个体提升自我发展能力的内在需要。随着党和国家以片区攻坚和六个精准为重点的精准扶贫战略的提出，教育扶贫开始进入体系扶贫与精准扶贫的新阶段，对于教育扶贫模式的探讨指出了新方向，也提出了新要求。而传统的教育扶贫模式侧重于各个地方政府主导政策的出台与资源配置，使得各地方形成了一个相对独立封闭的系统，这不仅忽略了社会其他各界力量对于教育扶贫发展的推动作用，也忽略了地方与地方之间存在的相互联系、相互促进的关系，因此应该积极探索构建出一个跨地区、跨部门、跨单位、全社会共同参与的教育扶贫体系，以适应在精准教育扶贫新阶段下所提出的新要求。通过第六章的分析，发现武陵山片区 71 县（市、区）的教育与减贫之间存在显著的相互影响关系，但各个县（市、区）教育与减贫的协调发展在程度上体现出区域发展不平衡的现象，若能在此基础上从区域自相关的角度研究武陵山片区教育扶贫的空间溢出性，找出区域间教育减贫的内在联系，便能建立一个在教育减贫发展过程中由先进地区带动滞后地区的区域间协同发展体系，促进武陵山片区各个县（市、区）教育减贫整体而全面的发展。

第一节　理论框架与研究方法

一、理论框架

空间自相关分析是建立在空间数据基础上的，因而区别于传统的统计学方法，所研究的对象数据不再是一个独立的样本，而是一个相互联系、相互影响的空间数据样本，不仅可以研究空间对象的几何特征，也能分析各相邻对象的拓扑关系。对于空间自相关的定义有很多，主要基于空间数据的属性（空间属性、时间属性和专题属性），讨论空间对象之间的相互作用和扩散现象。对于武陵山片区而言，虽然各个县（市、区）在行政上是相互独立的个体，但由于空间上的邻近，伴随着政策的传递与人口的流动，一个地区教育水平的提高，很有可能惠及相邻的地区，甚至更远的地区，相关先进的办学模式和政策通过空间上的传递带动其他地区教育水平的发展。同样地，一个地区减贫效果的提升，相关的扶贫政策与做法也会在空间上扩散到其他地区，带动其他地区减贫发展，进而将教育水平与扶贫成效联系起来，通过两者的协调发展，或许存在一条路径在空间上传递扩散，因此，研究武陵山片区教育减贫协调发展的自相关在理论上是可行的。

二、研究方法

传统的统计学方法，所研究的大多为自变量与因变量之间的相互关系和影响强度，但并不能针对同一个属性值来讨论其在不同位置空间上的相互作用和关联程度。而空间自相关则能弥补这方面的不足，通过统计方法能够针对某一个特征值来计算空间单元与其周围空间单元的自相关程度，以分析这种特征值在空间上的关联程度和作用强度，一般与空间单元之间的距离和分散程度相关。

空间自相关主要分为全局性自相关和局域性自相关，常用的计算空间自相关的方法主要有 Moran's I、Geary's C、Getis、Join count。本研究主要采用 Moran's I 指数的计算方法。

（一）全局 Moran's I

全局 Moran's I 虽然不能反映某个县（市、区）与周围区域是正相关还是负相关以及相关程度，但可以从总体上反映研究目标的空间相关性。计算公式为

$$I=\frac{n\sum_{i=1}^{n}\sum_{j=1}^{n}w_{ij}(x_i-\overline{x})(x_j-\overline{x})}{\sum_{i=1}^{n}\sum_{j=1}^{n}w_{ij}\sum_{i=1}^{n}(x_i-\overline{x})^2} \tag{7-1}$$

式中，$i\neq j$，n 为参与分析的空间单元数［本研究中为武陵山片区的 71 个县（市、区）］；x_i 和 x_j 分别为某现象或某属性特征（本研究中为教育与扶贫发展的耦合协调度）x 在 i 地区和 j 地区上的观测值；w_{ij} 为空间权重矩阵，表示区域 i 和 j 的邻近关系，它可以根据邻接标准或者距离标准来度量，其基本形式为

$$\boldsymbol{W}=\begin{Bmatrix} w_{11} & w_{12} & \cdots & w_{1n} \\ w_{21} & w_{22} & \cdots & w_{2n} \\ \vdots & \vdots & & \vdots \\ w_{n1} & w_{n2} & \cdots & w_{nn} \end{Bmatrix} \tag{7-2}$$

以邻接标准来制定空间权重矩阵时，若 i 地区与 j 地区相邻，则 w_{ij} 赋值为 1，若不相邻或两者为同一地区，则 w_{ij} 赋值为 0。

以距离标准来制定空间权重矩阵时，若 i 地区与 j 地区的距离小于 d，则 w_{ij} 赋值为 1，若 i 地区与 j 地区的距离大于 d，则 w_{ij} 赋值为 0，其中 d 为设置的距离阈值，即 i 地区与 j 地区的最小距离。

全局 Moran's I 统计量取值范围为–1～1，$I<0$ 时，代表各个地区间在空间上呈现负相关关系，且值越接近–1，这种关系越强；$I>0$ 时，代表各个地区间在空间上呈现正相关关系，且值越接近 1，这种关系越强烈；$I=0$ 时，代表各个地区间在空间上不存在相关关系。但全局 Moran's I 只是从总体上反映了研究目标的空间相关性，要想了解某个地区与周围地区的相关性（正负以及相关程度）需要进一步分析局域 Moran's I。

（二）局域 Moran's I

局域 Moran's I 要求满足两个条件：①每个空间单元的 LISA（local indications of spatial auto-correlation）值是反映该空间单元与其他相邻空间单元的空间聚集程度；②所有空间单元的 LISA 值之和与全局空间相关性指标成正比。第一个条件表明 LISA 是一个局域空间相关的测度，第二个条件意味着可把全局空间相关系数分解成各个区域上的空间自相关性。

对于第 i 个地区，Moran's I 的 LISA 定义是

$$I_i = Z_i \sum_{j=1}^{n} w_{ij} Z_j \tag{7-3}$$

其中

$$Z_i = \frac{(x_i - \overline{x})}{\sqrt{\frac{1}{n}\sum_{i=1}^{n}(x_i - \overline{x})^2}}$$

各符号所表达的含义与全局 Moran's I 所解释的一样，其结果反映的是第 i 个地区的 x 特征值与其周围地区的相关关系，当 $I<0$ 时，代表第 i 个地区与其周围地区在空间上呈现负相关关系，且值越接近–1，这种关系越强；$I>0$ 时，代表第 i 个地区与其周围地区在空间上呈现正相关关系，且值越接近 1，这种关系越强烈；$I=0$ 时，代表第 i 个地区与其周围地区在空间上不存在相关关系。

第二节　模型建立与结果分析

一、全局空间相关性分析

一般而言，空间自相关程度会随着距离的增大而呈现下降趋势，因此采用距离邻接标准来设定空间权重矩阵。选取不同的 d 值（距离临界值）来计算 2008 年、

2012 年和 2015 年武陵山片区 71 个县（市、区）耦合协调度的全局 Moran's I。从最小距离 45km（软件默认值）开始，分别计算 *d* 值取 45km、50km、55km、60km、65km、70km、75km、85km 和 100km 时的全局 Moran's I，结果见表 7-1。

表 7-1　武陵山片区耦合协调度全局 Moran's I 随临界距离变化结果

年份	45km	50km	55km	60km	65km	70km	75km	85km	100km
2008	0.3210	0.3301	0.2744	0.2306	0.2224	0.2087	0.1741	0.1355	0.0800
2012	0.2874	0.2914	0.2629	0.2212	0.2011	0.2001	0.1701	0.1187	0.0675
2015	0.3927	0.3866	0.3579	0.3107	0.2963	0.2693	0.2353	0.1814	0.1245

从表 7-1 中可以看出，武陵山片区教育减贫耦合协调度的全局空间自相关基本保持正相关关系［各县（市、区）距离在 100km 以内］，显著性在 1%的显著性水平上保持显著（$P = 0.0100$），表明武陵山片区教育扶贫的协调发展存在较强的空间依赖性，同时随着距离的扩大，这种关系强度逐渐减弱，当临界距离在 55km 且继续增加时，Moran's I 开始有较大的下降幅度，因此可以判定，武陵山片区教育扶贫协调发展的全局空间自相关最强的临界距离在 45～55km。

从时间跨度来看，2008～2012 年全局 Moran's I 有所下降，而 2012～2015 年则有所上升。从整体来看，2008～2015 年全局 Moran's I 有所提升（从 2008 年的 0.3210 上升到 2015 年的 0.3927，增加 0.0717），表明武陵山片区教育减贫协调发展的空间依赖性逐渐增强。

二、局域空间相关性分析

对 2008 年、2012 年和 2015 年武陵山片区 71 个县（市、区）的教育减贫的耦合协调度进行局域空间自相关，分析得到 Moran's I 散点图（图 7-1）。从图 7-1 中可以看出，2008 年、2012 年和 2015 年的局域自相关关系整体呈现正相关关系，与全局自相关保持一致，大部分地区都位于 HH 和 LL 两个象限，表明大部分地区的耦合协调度发展水平在区域间的差异比较小，HH 表示该地区自身水平较高，且与其邻近地区的城市协调发展水平也较高，LL 则表示自身地区与周围地区的协调发展程度都相对较低。其中，2008 年位于 HH 和 LL 两个象限的县（市、区）共 50 个（HH21 个，LL29 个，HL13 个，LH8 个），占比为 70.42%；2012 年位于 HH 和 LL 两个象限的县（市、区）共 52 个（HH19 个，LL33 个，HL14 个，LH5 个），占比为 73.24%；2015 年位于 HH 和 LL 两个象限的县（市、区）共 53 个（HH20 个，LL33 个，HL12 个，LH6 个），占比为 74.65%。

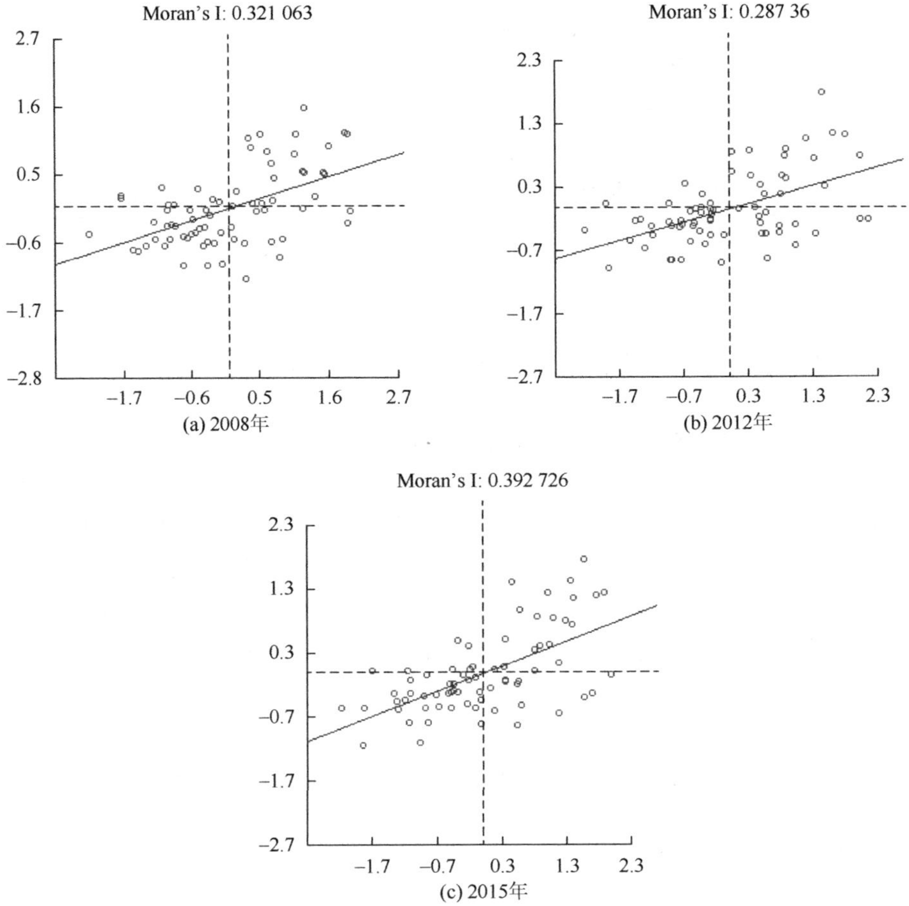

图 7-1　武陵山片区教育减贫耦合协调度局域自相关散点图

从时间演化来看，保持局域正相关关系的县（市、区）数量有一定的增加，从 2008 年的 50 个增加到 2015 年的 53 个，占比从 70.42%上升到 74.65%。意味着武陵山片区教育减贫协调发展的集聚程度逐渐增强。从城市的集聚属性来看，大多为低协调水平的集聚，表现在位于 LL 象限的县（市、区）数量要始终要多于位于 HH 象限的县（市、区），2008 年位于 LL 象限的县（市、区）占正向空间相关县（市、区）的 58%，2012 年为 63.46%，2015 年为 62.26%。这主要是武陵山片区教育与减贫整体协调发展程度不高导致的。以 2015 年为例，位于 HH 象限的 20 个县（市、区）中属于湖南片区的有 11 个，分别为新邵县、邵阳县、隆回县、洞口县、武冈市、石门县、安化县、溆浦县、新化县、冷水江市和涟源市；重庆片区的有 6 个（共 7 个），除黔江区外，其他县都位于其中；湖北片区有 1 个，为利川市；贵州片区有 2 个，为沿河县和德江县。位于 LL 象限的 33 个县（市、区）中，属于湖南片区的有 20 个，分别为绥宁县、新宁县、城步县、武陵源区、桑植县、中方县、辰溪县、会同县、芷江县、靖州县、新晃县、通道县、洪江市、泸溪县、凤凰县、花垣县、保靖县、古丈县、永顺县和龙山县；湖北片区有 7 个，分别为秭归县、长阳县、巴东县、宣恩县、鹤峰县、来凤县和五峰县；贵州片区有 6 个，分别为印江县、江口县、万山区、石阡县、玉屏县和余庆县。

为更直观地展示各县（市、区）的局域自相关关系，将 2008 年、2012 年、2015 年各县（市、区）的局域自相关结果绘制成图，如图 7-2 所示。

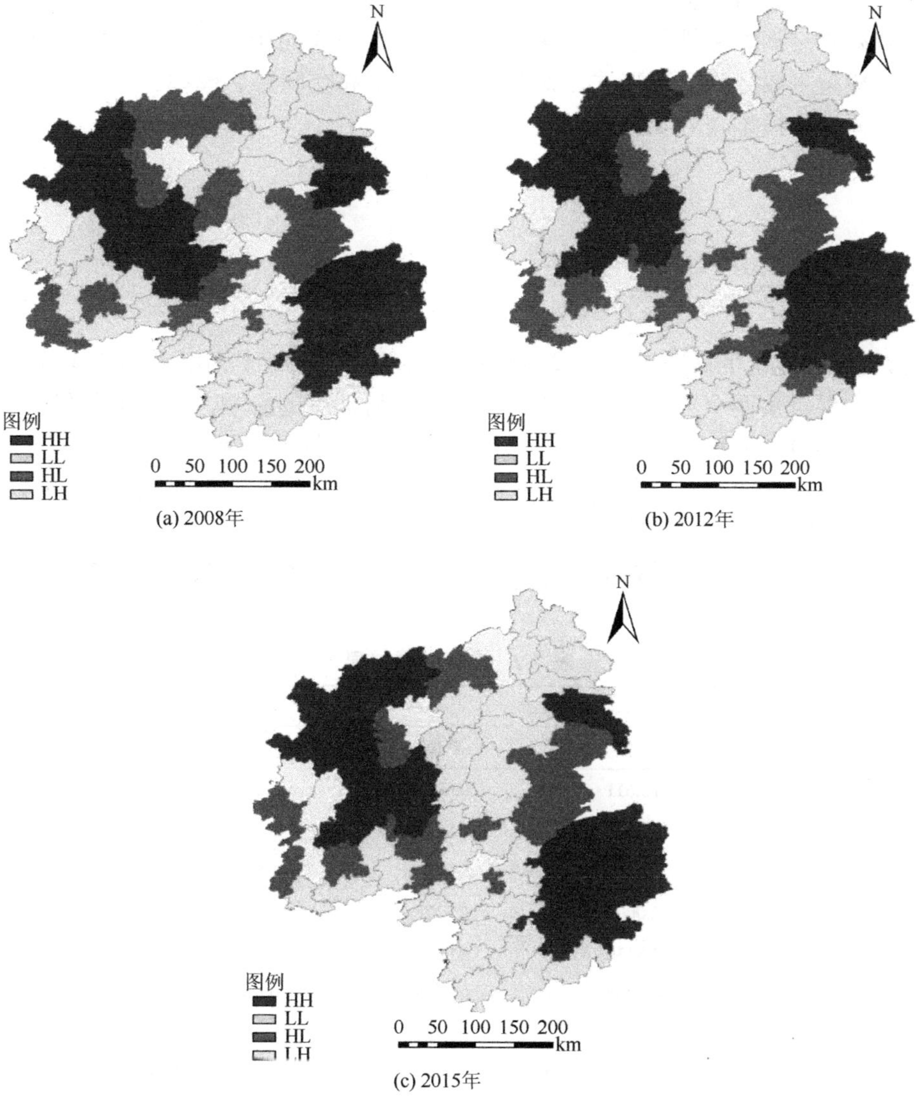

图 7-2　武陵山片区教育减贫耦合协调度局域自相关分布（见彩图）

从图 7-2 中可以明显看出，武陵山片区 71 个县（市、区）中，大多处于 LL 象限（用黄色表示），表明武陵山片区教育与减贫的协调发展大抵表现为低水平聚集，且随着时间的推移，数量有微小的增长。

三、回归分析

从上述对武陵山片区教育减贫耦合协调度的自相关分析，得知武陵山片区各县（市、区）的教育减贫协调发展程度具有显著的空间聚集性。为进一步分析影响教育减贫空间相关性的因素，采用空间计量经济学的相关理论建立空间计量模型。该模型主要分为两种形式，即空间误差模型和空间滞后模型。

空间误差模型（SEM）

$$\begin{aligned} Y &= \alpha + \beta X + \mu \\ \mu &= \varphi \omega \mu + \varepsilon \end{aligned} \tag{7-4}$$

空间滞后模型（SAR）

$$Y = \alpha + \rho \omega Y + \beta X + \mu \tag{7-5}$$

式中，Y 为各地区的教育减贫协调发展程度；α 为截距项；X 为所考察的变量因素，本研究主要考察两个方面因素对教育减贫耦合协调度的影响，一方面是经济发展水平，主要包括人均 GDP、财政收入和人均可支配收入，另一方面是教育水平，主要包括中等学校数量、中等学校在校学生数量、小学数量和小学在校学生数量；β 为响应参数；μ 和 ε 为随即误差项；ρ 为空间自相关系数；ω 为空间权重矩阵，φ 为空间误差系数。采用 GeoDa 软件进行模型分析，得到结果见表 7-2。

表 7-2　空间计量结果

指标	SAR		SEM	
	C 值	*P* 值	*C* 值	*P* 值
财政收入	1.2611	0.0000	1.2463	0.0000
人均 GDP	3.8059	0.4267	2.6521	0.5768
人均可支配收入	1.6668	0.0000	1.8247	0.0000
中等学校数量	0.0007	0.0978	0.0007	0.0965
中等学校在校学生数量	3.5130	0.0000	3.3173	0.0000
小学数量	0.0002	0.0198	0.0003	0.0021
小学在校学生数量	−6.3965	0.3162	−4.5069	0.4767
R-squared	0.9342		0.9339	
Log-*L*	148.718		148.5309	

表 7-2 结果显示，在选取考察因素当中，有五个变量具备统计学意义，其中有四个因素在 1%显著性水平下显著，分别是财政收入、人均可支配收入、中等学校在校学生数量和小学数量，而中等学校数量这一变量则是在 10%显著性水平下显著，且这个五个变量都为正向影响。剩下的两个因素，人均 GDP 和小学在校学生数量则未通过显著性检验。

在经济发展方面，财政收入与人均可支配收入均对教育减贫耦合协调度的空间自相关关系有显著的正向影响，且人均可支配收入的影响作用更大，表明武陵山片区各县（市、区）的教育减贫协调发展的空间集聚，有赖于地方财政收入的提高以及人均可支配收入的提高。

在教育发展方面，基础教育对教育减贫协调发展的空间集聚有显著的影响，主要体现在中等教育与小学教育，其中等教育影响作用更大，表明武陵山片区各县（市、区）教育减贫协调发展在空间上集聚，很大程度上依赖于中等教育。

第三节　结　　论

通过对武陵山片区 71 个县（市、区）教育与减贫协调发展程度的空间自相关研究，本章计算了 2008 年、2012 年和 2015 年的全局自相关与局域自相关的 Moran's I。从全局自相关来看，武陵山片区教育与减贫的协调发展存在较强的空间依赖性，即区域之间存在很强的空间相互作用，且这种作用体现为正向影响（Moran's I 大于 0），说明地理因素是影响教育与减贫协调发展的重要因素之一，一个地区教育与减贫的协调发展程度会影响到其他周围地区的协调发展。从局域自相关来看，武陵山片区的大多数县（市、区）位于 HH 和 LL 象限，说明武陵山片区各个相近县（市、区）之间的教育与减贫协调发展水平差异较小，且大多为低水平集聚［LL 象限县（市、区）数量多于 HH 象限县（市、区）数量］。为进一步分析教育减贫耦合协调度自相关关系的影响因素，建立了空间误差模型与空间滞后模型，结果表明，要充分发挥教育对减贫的重要作用，以及将这种作用通过空间的聚集作用影响周围城市，使经济与教育共同发展，其中，经济发展方面应重点关注地方财政收入和人均可支配收入，教育方面应重点关注中等教育的发展。

一、武陵山片区教育减贫协调发展在空间上的集聚

通过对武陵山片区教育减贫耦合协调度的全局自相关分析，可以发现，历年来 Moran's I 都大于 0，且随着临界距离的扩大呈递减规律，在 45～55km 范围强度最大，超过 55km 后强度开始迅速下降。这充分说明武陵山片区教育减贫的协

调发展存在集聚现象，即武陵山片区教育减贫的协调发展在整体上存在空间依赖性，同时通过对局域自相关的分析，武陵山片区不仅在整体上存在空间依赖性，且在各个县（市、区）之间也存在较强的相互影响关系，表现在一个县（市、区）教育减贫协调发展水平较高，亦能促进其周围县（市、区）协调发展水平的提高；同样，若一个县（市、区）教育减贫协调发展水平较低，其周围县（市、区）也很难提高协调发展水平。因此，若能利用这种空间上的关联性找出一条地区之间相互影响、相互促进的路径，建立整个武陵山片区教育减贫协调发展的联动机制，便能有效解决地区之间协调发展程度不平衡的问题，使各个县（市、区）教育减贫全面达到高度协调。

二、教育减贫协调发展的集聚程度逐年增强

从时间演化过程来看，2008～2015 年武陵山片区教育减贫耦合协调度的全局 Moran's I 有一定的提升，从 2008 年的 0.3210 上升到 2015 年的 0.3927，说明武陵山片区教育减贫的协调发展在空间上的关联性正逐年增强。从局域自相关分析来看，某个县（市、区）与其周围县（市、区）的差距逐年减少，表现在位于 HH 和 LL 两个象限的县（市、区）数量从 2008 年的 50 个增加到 2015 年的 53 个。这说明随着时间的推移，在空间关联性的影响下，武陵山片区各个县（市、区）的教育减贫协调发展水平正逐渐趋于同质。

三、武陵山片区教育减贫协调发展主要体现为低水平聚集

从武陵山片区教育减贫协调发展的局域自相关分析来看，虽然 71 个县（市、区）中有 70%以上的城市教育减贫协调发展在空间上集聚，但位于 LL 象限的县（市、区）居多，即体现为低水平的聚集。这是因为武陵山片区整体上教育与减贫协调发展水平并不高，大多数县（市、区）处于基本协调和中度失调的状态，所以在空间上很容易形成一个教育与减贫协调发展程度低的地区，其周围县（市、区）同样程度不高。因此，如何有效利用区域间的空间关联性，以耦合协调度水平高的地区为中心向四周扩散，带动其他地区协调发展水平的提高便显得尤为重要。

四、武陵山片区教育减贫的协调发展有赖于经济与教育的共同推进

在教育减贫的空间自相关分析中，已知武陵山片区各县（市、区）间存在显著的空间相关性，且大多为正相关关系，表现为同等协调水平的城市在空间上形

成集聚。因此，武陵山片区要充分发挥教育对减贫的作用，同时还应通过这种空间的传递性，缩小地区间发展的差距，实现整个武陵山片区教育减贫的整体协调发展。为此，本章进一步对影响武陵山片区教育减贫耦合协调度的因素做了空间回归分析，结果显示，要使武陵山区整体教育减贫协调发展水平提高，需要从经济与教育两大方面共同推进。其中，在经济方面，地方财政收入与人均可支配收入对教育减贫协调有显著的正向促进作用，表明教育减贫有赖于地方财政支持以及人均可支配收入的提高；在教育方面，基础教育对武陵山教育减贫耦合协调度也有显著的正向促进作用，重点表现在中等教育上，因此今后发展地方教育时，应重点关注中等教育水平的提高。

第八章　武陵山片区教育扶贫政策

阻断贫困代际传递的教育扶贫政策主要是面向“人”的扶贫政策。从第七章分析可知，武陵山片区整体上教育与减贫两者间有着显著相互影响关系，提高农村家庭受教育水平是武陵山片区脱贫的重要对策，但目前对于武陵山片区的大部分县（市、区）而言，教育与减贫还没有进入良性的协调发展状态，大部分地区在扶贫攻坚过程中还未能充分发挥教育的促进作用，教育并没有成为武陵山片区扶贫攻坚的有效手段。同时，从空间上看，教育与减贫的协调发展还存在区域间发展不平衡的现象，差异较大。而且，武陵山片区教育减贫协调发展在空间上有较强的关联性，形成了空间集聚，并且这种关联性和集聚程度正逐年增强，虽然71个县（市、区）中有70%以上的城市教育减贫协调发展在空间上集聚，但武陵山片区教育减贫协调发展主要体现为低水平聚集，武陵山片区整体上教育与减贫协调发展水平并不高，大多数县（市、区）处于基本协调和中度失调的状态，所以在空间上很容易形成一个教育与减贫协调发展程度低的地区，其周围县（市、区）同样程度不高。因此，如何有效利用区域间的空间关联性，以耦合协调度水平高的地区为中心向四周扩散，带动其他地区协调发展水平的提高便显得尤为重要。因此，武陵山片区在今后的扶贫攻坚过程中，不仅要充分发挥教育的减贫作用，促进教育与减贫协调发展，同时还要利用空间上的关联性，建立区域间协同发展体系，实现武陵山片区各个县（市、区）的平衡发展。

第一节　湖 南 片 区

一、湖南片区教育扶贫发展状况

湖南片区是整个武陵山片区面积最大、人口最多、县（市、区）数量最多的地区，因此湖南片区的教育扶贫发展水平深刻影响武陵山片区区域平衡发展体系。

从2008年、2012年和2015年湖南片区37个县（市、区）教育发展与减贫的耦合程度来看，除武陵源区外，其余36个县（市、区）均已发展为成熟时期或接近成熟时期，其中2015年有5个县（市、区）处于磨合时期（$0.5<C\leqslant0.8$），31个县（市、区）处于成熟时期（$0.8<C\leqslant1$），进入成熟时期的县（市、区）占总数的84%。从耦合度的演变趋势来看，湖南片区整体的耦合度略有下降

（2008 年、2012 年、2015 年耦合度的均值分别为 0.9134、0.8814、0.8927）；耦合度的地区差异变化不明显，但值得关注的是，湖南片区始终是武陵山四个片区中耦合度地区差异最大的片区（2008 年、2012 年、2015 年标准差分别为 0.1315、0.1612、0.1385，远高于其他片区水平）。这一趋势表明湖南片区教育与减贫之间一方面存在相当显著的相互作用关系，教育的发展对地区的减贫有很大影响，同时地区减贫的不断推进也能有力地促进本地教育的发展；另一方面这种影响有略微下降的趋势，而且地区间差异大的局面一直未得到有效改善。

地区间耦合度差异大，湖南片区武陵源区在 2008 年、2012 年和 2015 年的耦合度一直极低（耦合度分别为 0.2558、0.2747 和 0.2793），这也是本次调查数据中唯一出现耦合度极低的地区，意味着该地区的教育发展和扶贫成效之间的相互作用水平远低于片区其他地区。

从历年的耦合协调度水平来看，湖南片区 2008 年、2012 年和 2015 年始终存在中度失调、基本协调、中度协调并存的局面。2015 年耦合协调度最低的古丈县（0.2106）和耦合协调度最高的冷水江市（0.6830）两者相差 0.4724，表明湖南片区 37 县（市、区）在教育与减贫协调发展程度上处于三个不同发展阶段并存的状态，且不同阶段间的差距较明显（表 8-1）。

表 8-1　湖南片区耦合度和耦合协调度分析

指标	2008 年		2012 年		2015 年	
	耦合度	耦合协调度	耦合度	耦合协调度	耦合度	耦合协调度
最小值	0.2558	0.2913	0.2747	0.2306	0.2793	0.2106
最大值	0.9991	0.7132	0.9999	0.7220	0.9995	0.6830
均值	0.9134	0.5022	0.8814	0.4685	0.8927	0.4436
标准差	0.1315	0.1147	0.1612	0.1165	0.1385	0.1228

从耦合协调度的总体演变趋势来看，2008 年、2012 年和 2015 年湖南片区达到中度协调（$0.5<D\leqslant0.8$）的县（市、区）数量分别为 18 个、15 个、14 个，基本协调的数量分别为 11 个、11 个、9 个，中度失调的数量分别为 8 个、11 个、14 个。多数县（市、区）处于基本协调甚至中度失调的状态；并且中度协调和基本协调的县（市、区）数量不断减少，中度失调的县（市、区）数量则不断增加。就耦合协调度的总体水平变化而言，2008 年、2012 年和 2015 年耦合协调度呈现不断下降的趋势（2008 年、2012 年、2015 年均值分别为 0.5022、0.4685、0.4436），而且地区间差异不断扩大（2008 年、2012 年、2015 年标准差分别为 0.1147、0.1165、0.1228）。在 2008 年、2012 年和 2015 年湖南片区一直是武陵山四个片区中耦合协调度地区差异最大的片区。说明湖南片区整体上教育发展与减贫不但没有进入良

性协调发展，反而越来越多的县（市、区）不能充分发挥教育对扶贫攻坚的促进作用。教育发展与减贫的协同效应越来越弱，而且地区间差异的问题不但没有解决还越来越大。

对湖南片区的教育减贫的耦合协调度进行局域空间自相关分析可见，大多数地区都位于 HH 象限和 LL 象限。2015 年位于 HH 象限的县（市、区）有 11 个，分别是新邵县、邵阳县、隆回县、洞口县、武冈市、石门县、安化县、溆浦县、新化县、冷水江市和涟源市，这些县（市、区）自身发展程度较高，而且与邻近县（市、区）的协调发展水平也较高；位于 LL 象限的县（市、区）有 20 个，分别是绥宁县、新宁县、城步县、武陵源区、桑植县、中方县、辰溪县、会同县、芷江县、靖州县、新晃县、通道县、洪江市、泸溪县、凤凰县、花垣县、保靖县、古丈县、永顺县和龙山县，这些县（市、区）自身水平较低，周围县（市、区）也同样不高。位于 LL 象限的县（市、区）远多于位于 HH 象限的县（市、区），表明湖南片区教育减贫协调发展主要体现为低水平的集聚。

在空间分布上，值得注意的是，湖南片区在片区内部，教育减贫协调发展水平也呈现明显的东西差异。2015 年处于 HH 象限的 11 个县（市、区）全部位于片区东部，而 LL 象限的 20 个县（市、区）则集中位于片区西部。说明片区东部的邵阳市、娄底市、常德市、益阳市下辖地区的自身及周边地区协调发展较好，集聚水平高；而片区西部的怀化市、张家界市、湘西州所属的地区则为典型的低水平集聚。

二、湖南片区教育扶贫政策建议

湖南片区教育与减贫之间存在显著的相互作用关系，但整体上教育发展与减贫尚未进入良性协调发展阶段，反而出现越来越多的县（市、区）不能充分发挥教育对扶贫攻坚的促进作用。教育发展与减贫的协同效应越来越弱，而且地区间差异还越来越大。为此需要有效利用区域间的空间关联性，建立区域间协同发展体系，实现湖南片区各个县（市、区）的平衡发展。一方面，应以片区东部协调发展水平高的地区为中心向西部扩散，带动耦合协调度水平较低的片区西部地区的发展。另一方面，片区西部集聚发展水平较低的县（市、区）在地理上更加接近重庆片区和贵州片区的铜仁市，这些与湖南省接壤的地区教育扶贫的协调发展水平一直较高，因此在片区西部的扶贫攻坚过程中，更为重要的是积极借助紧邻的贵州片区和重庆片区的辐射力量，通过空间传递性，缩小地区间发展差距。

对教育减贫耦合协调度有显著正向促进作用的因素有财政收入、农村人均纯收入、中等学校在校学生数量、中等学校数量和小学数量。分别对湖南片区 2003 年、2009 年、2013 年、2015 年这五个变量进行标准化后可见，经济与教育发展并不同步。一方面经济指标不断上升，表现为财政收入和农村人均纯收入持续增加；另一方面教育指标则呈下降趋势，其中小学数量锐减，中等学校在校学生数量总体减少，同时中等学校数量也略有减少（图 8-1）。

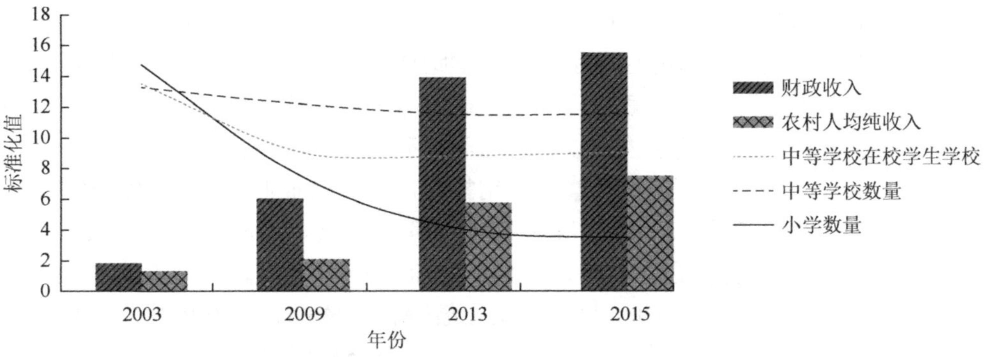

图 8-1　湖南片区经济与基础教育发展

为了提高湖南片区教育与减贫协调发展的程度，需要从经济与教育两方面共同推进。武陵山片区各县（市、区）间存在显著的空间相关性，而且财政收入与农村人均纯收入对教育扶贫协调发展有正向促进作用。教育减贫要实现空间上的传导，在经济方面，需要地方财政支持和农村人均纯收入水平进一步提升。在教育方面，基础教育有显著的正向作用，主要体现在中等教育与小学教育，其中等学教育的影响最大。

湖南片区目前共有 7 所高等学校（吉首大学、吉首大学张家界学院、怀化学院、湖南医药学院、张家界航空工业职业技术学院、怀化职业技术学院、湘西民族职业技术学院），占武陵山片区高等学校总数近一半，均坐落于片区中心城市——吉首市、怀化市和张家界市。这些高等院校首先应当继续发挥高等学校在人才扶贫、科技扶贫、智力扶贫、信息扶贫等方面的积极引领作用，使高等教育更好地为地方经济社会发展服务；其次为实现教育公平，应加大招生倾斜力度，实施面向贫困地区的定向招生专项计划，扩大片区学生接受优质高等教育的机会；最后为了帮助家庭经济困难学生顺利完成学业，激励他们勤奋学习，努力进取，应当在大学生国家奖助学金评定方式上，实现精准识别奖助对象，精准发放到受奖助个人，克服过去简单地按班级学生比例发放的方式。这种方式导致班级人数多的奖助学名额也多，受奖助对象不一定是真正贫困的学生，而所在班级人数少的贫困学生可能因比例限制无法获得助学，导致教育扶贫资源配置效率低下，与国家资助真正困难学生的初衷相去甚远。

在基础教育中，中等教育在教育与扶贫协调发展过程中发挥最主要的作用。

然而在 2003～2015 年，湖南片区中等教育的学校规模减小，由 1621 所减少到 1419 所，减少近 12%；在校学生人数明显减少，由 1 452 272 人减少到 1 059 329 人，减少约 27%；同时教职工人数增加 11%，由 85 712 人增加到 95 565 人；专任教师增加约 2%，由 72 425 人增加到 74 090 人。为了实现教育扶贫“扶贫先扶智”的基本功能，首先，应当提高中学义务教育的入学率。除个人原因外，农村学生初中辍学的原因主要是家庭经济困难和上学距离太远，为此应落实好“两免一补”政策，从经济上保障贫困家庭学生顺利完成义务教育；学校布局要应根据学生规模办好必要的教学点，使学生可以就近上学，确保学生不因为距离远和贫困发生辍学。其次，为使贫困地区学生掌握实用技能，实现就业脱贫，应加强中等职业教育，把中等职业教育作为普及高中阶段教育的重点。为此应加大财政投入，在确保家庭困难学生享受免学费、国家助学金政策和“雨露计划”资助的基础上，提供一定的生活费补助。此外，还应鼓励社会资助，对贫困生实施精准资助；优先招收贫困家庭子女入学，同时加强校企合作联合培养职业教育，促进就业和再就业。

小学学校规模对教育扶贫的协调发展也有一定影响。2003～2015 年湖南片区普通小学教育的学校规模明显减少，由 2003 年的 8863 所减少到 2015 年的 2171 所；在校学生减少约 5.5%，由 2003 年的 1 478 186 人减少到 2015 年的 1 396 662 人；教职工人数大幅度减少，约 25%，由 2003 年的 84 649 人减少到 2015 年的 63 586 人；专任教师减少 5.6%，由 2003 年的 78 923 人减少到 2015 年的 74 515 人。为了保证义务教育的全覆盖，应避免盲目的“撤点并校”，要在方便学生就近入学的原则下规划学校布局，在交通不便的地区需保留必要的教学点，防止因布局调整造成学生辍学。

第二节　贵州片区

一、贵州片区教育扶贫发展状况

从 2008 年、2012 年和 2015 年贵州片区 16 个县（区）的耦合程度来看，2008 年、2012 年、2015 年的耦合度均值分别为 0.8120、0.8597、0.9038，而且进入成熟时期的县（区）数量分别为：2008 有 8 个，2012 年有 9 个，到 2015 年增加到 13 个；同时 2008 年、2012 年和 2015 年耦合度的标准差持续下降，从 2008 年的 0.1136 下降到 2015 年的 0.0790。说明贵州片区教育发展与减贫的相互作用是一个不断强化的过程，进入成熟时期的地区数目越来越多，地区差异不断缩小。到 2015 年，除沿河县、玉屏县和思南县尚处于磨合时期（$0.5<C\leqslant 0.8$）外，其余 13 个县（区）均已达到成熟期（$0.8<C\leqslant 1$），占总数的 81.25%；而且处于磨合时期的 3 个县（区）

的耦合度也在 0.7285～0.7955，非常接近成熟时期。充分表明贵州片区教育与减贫之间存在越来越显著的相互作用，教育的发展对本地的减贫有极大的影响，同时地区减贫的不断推进也能有力地促进本地教育的发展。

从耦合协调度的总体水平来看，2008 年、2012 年和 2015 年贵州片区的耦合协调度总体变化不明显，但地区差异明显缩小。16 个县（区）的耦合协调度的均值 2008 年为 0.4468，2012 年增加到 0.4854，到 2015 年下降到 0.4605；但是标准差不断下降，从 2008 年的 0.0850 下降到 2015 年的 0.0655。在此期间，处于中度失调状态的地区有所减少，2008 年有 4 个县（区）（江口县、万山区、道真县、凤冈县）中度失调，到 2015 年减少到 2 个，道真县和凤冈县变为基本协调。到 2015 年贵州片区除江口县、万山区仍处于中度失调状态，另外 8 个县（区）达到基本协调，6 个县（区）达到中度协调，还没有一个县（区）达到高度协调。表明在贵州片区，教育发展与减贫还没有全面进入良性协调发展，多数地区还未能充分发挥教育对扶贫攻坚的促进作用；但是失调的地区有所减少，同时地区差异也越来越小（表 8-2）。

表 8-2　贵州片区耦合度和耦合协调度分析

指标	2008 年		2012 年		2015 年	
	耦合度	耦合协调度	耦合度	耦合协调度	耦合度	耦合协调度
最小值	0.6340	0.2332	0.7340	0.3199	0.7285	0.3330
最大值	0.9996	0.5875	0.9999	0.6053	0.9988	0.6010
均值	0.8120	0.4468	0.8597	0.4854	0.9038	0.4605
标准差	0.1136	0.0850	0.0927	0.0738	0.0790	0.0655

从历年的耦合协调度水平来看，贵州片区 2008～2015 年始终存在中度失调、基本协调、中度协调并存的局面。2015 年耦合协调度最低的江口县（0.3330）和耦合协调度最高的碧江区（0.6010）两者相差 0.2680。表明贵州片区的 16 个县（区）在教育与减贫协调发展程度上始终处于三个不同发展阶段并存的状态，且不同阶段间的差距较明显。

2015 年贵州片区有 6 个县（区）（碧江区、德江县、湄潭县、思南县、松桃县、沿河县）达到中度协调，耦合协调度在 0.5006～0.6010，而且其耦合度均接近或达到成熟时期（耦合度为 0.7285～0.9975），表明这 6 个县（区）教育的发展不仅与地区减贫有显著的相互影响，而且相对其他耦合协调度较低的地区，这 6 个县（区）的教育与减贫能够协调发展，教育对地区减贫发挥了一定的促进作用。

对贵州片区的教育减贫的耦合协调度进行局域空间自相关分析，可见半数地区位于 LL 和 HH 两个象限。2015 年位于 LL 象限的 6 个县（区）分别是印江县、江口县、万山区、石阡县、玉屏县和余庆县。这 6 个县（区）教育与扶贫的耦合协调度较低（0.3330～0.4605），都处于中度失调到基本协调状态，在空间上体现为低水平的集聚，地区本身教育扶贫协调发展程度低，其周围地区也同样不高。而位于 HH 象限的仅有沿河县和德江县，尽管这两个县自身及与邻近地区协调发展水平均较高，但由于数量有限，未能全面带动贵州片区整体的教育与减贫协调发展。

二、贵州地区教育扶贫政策建议

在空间分布上，贵州片区协调发展水平最高的 6 个县（区）分布较为均匀，周围即有耦合协调度高的地区，也有耦合协调度较低的地区。为了有效利用区域间的空间关联性，应以贵州片区耦合协调度最高的这 6 个县（区）为中心向四周扩散，带动其他耦合协调度水平较低的县（区）发展。

在行政区划上，贵州片区的 16 个县（区）分别属于铜仁市和遵义市管辖。首先，铜仁市下辖的 2 区 8 县中，教育与减贫协调发展程度较高的有碧江区、德江县、沿河县、思南县、松桃县，其中德江县和沿河县位于局域自相关的 HH 象限；而余下的江口县、印江县、万山区、石阡县、玉屏县则属于耦合协调度较低的地区，且都位于局域空间自相关的 LL 象限。这种空间上的均匀分布有利于以协调水平较高的 5 个县（区）为中心带动水平较低的 5 个县（区）发展。其次，遵义市下辖的 6 个县中，除湄潭县达到中度协调外，余下的道真县、务川县、正安县、凤冈县、余庆县均较处于较低的基本协调状态。因此，该 5 个县除了以湄潭县为中心带动发展外，还应积极借助紧邻的重庆市、铜仁市辖区的武隆、彭水、酉阳、沿河、德江等县（区）的辐射能力，这些县（区）不仅自身耦合协调度高，且都位于空间自相关的 HH 象限，对其邻近地区的协同带动能力也较强。

对贵州片区 2003 年、2009 年、2013 年、2015 年对教育减贫的耦合协调度有显著的正向促进作用的五个因素（财政收入、农村人均纯收入、中等学校在校学生数量、中等学学校数量和小学数量）进行标准化后可见，经济与教育发展并不同步。一方面经济指标不断上升，表现为财政收入和农民人均纯收入持续增加；另一方面教育指标表现不一，其中小学数量剧减，但中等学校数量有一定增加，中等学校在校学生数量明显上升（图 8-2）。

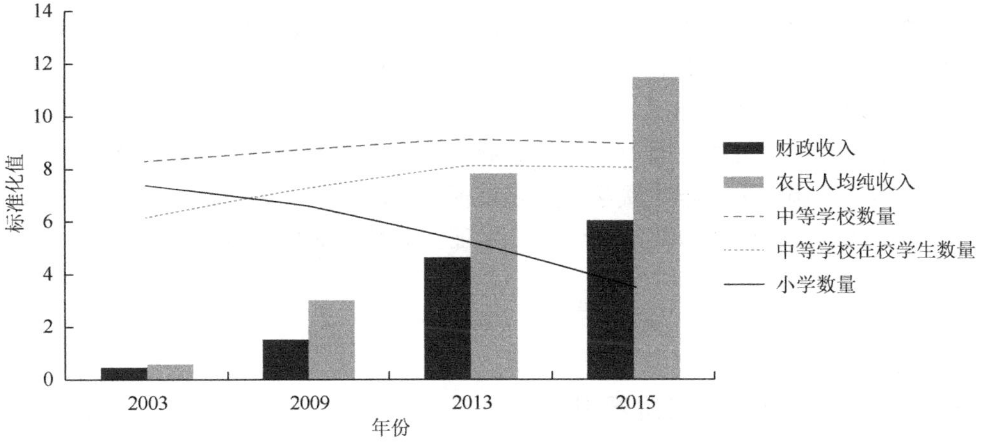

图 8-2　贵州片区经济与基础教育发展

贵州片区教育减贫的协调发展需要从经济与教育两方面共同推进。武陵山片区各县（区）间存在显著的空间相关性，而且财政收入与农村人均纯收入对教育扶贫协调有正向促进作用。教育减贫要实现空间上的传导，在经济方面，需要地方财政支持和农村人均纯收入水平进一步提升。在教育方面，基础教育有显著的正向作用，主要体现在中等教育与小学教育，其中中等教育的影响最大。

贵州片区目前共有 5 所高等学校（铜仁学院、铜仁职业技术学院、铜仁幼师高等专科学校、贵州工业职业技术学院、贵州健康职业学院），占武陵山片区高等学校总数的 1/3，均坐落于片区中心城市——铜仁市。这些高等院校应当继续发挥高等学校的积极引领作用，使高等教育更好地服务地方经济社会发展；同时应加大招生倾斜力度，扩大片区学生接受优质高等教育的机会。

中等教育是基础教育中对教育与扶贫协调发展发挥最主要作用的因素。2003～2015 年，贵州片区中等教育的学校规模、在校学生人数、专任老师数量等指标总体上升。中等学校数量由 379 所增加到 404 所，增加了 7%；专任教师数量由 17 961 人增加到 30 332 人，增加了 69%；在校学生人数由 389 586 人增加到 494 381 人，增加了 27%，是武陵山四个片区中中等学校在校学生数量增加最多的地区。为了教育减贫更好地协调发展，贵州片区应发挥这一优势，加大财政投入，根据学生规模布局义务教育教学点，实现“两免一补”的全覆盖；同时加强高中阶段的中等职业教育。与普通教育相比，职业教育契合了现阶段经济转型和产业升级对高技能人才的需求，通过培养技术技能型人才，实现有效的“造血式”扶贫。中等职业教育的招生政策应向经济困难家庭子女倾斜，通过合理配置教育资源，实现教育公平和教育扶贫。

小学学校规模对教育扶贫的协调发展有一定影响。2003～2015 年贵州片区普通小学教育的学校规模明显减少，由 2003 年的 2471 所减少到 2015 年的 1394 所，减少 44%，在校学生数量由 790 273 人减少到 509 566 人，减少 36%；专任教师数量略有增加，由 29 135 人增加到 30 786 人，增加约 5.7%。小学学校规模和小学在校学生数量锐减的原因一方面是适龄入学人口减少，另一方面是“撤点并校”，为防止因布局调整造成学生辍学，应以方便学生就近入学为原则规划学校布局，在交通不便的地区保留必要的教学点，保证义务教育的全覆盖。

第三节　重 庆 片 区

一、重庆片区教育扶贫发展状况

从 2008 年、2012 年和 2015 年重庆片区 7 个县（区）教育发展与减贫的耦合程度来看，重庆的 7 个县（区）均已非常成熟并且均衡［耦合度一直大于 0.8，从 2012 年开始全部在 0.9 以上；7 个县（区）的耦合度的标准差持续降低，在 2008 年、2012 年、2015 年分别为 0.0342、0.0241、0.0225］。充分表明了重庆片区教育与减贫之间存在相当显著的相互作用关系，教育的发展对地区的减贫有极大的影响，同时地区减贫的不断推进也能有力地促进地区教育的发展，而且这种影响促进作用在县域之间的差距越来越小。

从耦合协调度来看，重庆片区是武陵山片区协调发展程度最高且最均衡的地区。在武陵山四个片区中，重庆片区的耦合协调度一直保持均值最大且方差最小。在 2008 年、2012 年和 2015 年，重庆片区的 7 个县（区）全部达到并保持中度协调，而且地区之间差异较小。2015 年耦合协调度最低的武隆县（0.5615）和耦合协调度最高的黔江区（0.6966）两者相差仅 0.1351。虽然重庆片区还没有县（区）达到高度协调，但地区之间耦合协调度的差异不断降低（标准差分别为 0.0437、0.0428、0.0417）。表明在重庆片区，教育与减贫可以较良性地协调发展，教育一定程度上能够发挥对扶贫攻坚的促进作用，而且县域之间的差距不断缩小（表 8-3）。

表 8-3　重庆片区耦合度和耦合协调度分析

指标	2008 年		2012 年		2015 年	
	耦合度	耦合协调度	耦合度	耦合协调度	耦合度	耦合协调度
最小值	0.8926	0.5738	0.9219	0.5858	0.9378	0.5615
最大值	0.9956	0.7183	0.9967	0.7348	0.9998	0.6966
均值	0.9688	0.6506	0.9714	0.6634	0.9765	0.6304
标准差	0.0342	0.0437	0.0241	0.0428	0.0225	0.0417

2015 年重庆片区的 7 个县（区）全部达到中度协调，耦合协调度在 0.5615～0.6966，而且其耦合度均达到成熟时期（耦合度为 0.9378～0.9998），表明整个重庆片区的教育发展不仅与地区减贫有显著的相互影响，而且相对其他耦合协调度较低的片区，重庆片区的教育与减贫能够协调发展，教育对地区减贫发挥了一定的促进作用。

对重庆片区的教育减贫耦合协调度进行局域空间自相关分析可见，大多数地区位于 HH 象限，并且没有位于 LL 象限的地区。2015 年除黔江区外，其他 6 个县全部位于 HH 象限。在空间上体现为较高水平的集聚，地区本身教育扶贫协调发展程度较高，其周围区域也同样较高，能够相互影响、全面带动重庆片区及周边区域的教育与减贫协调发展。

二、重庆片区教育扶贫政策建议

从以上分析可见，重庆片区的教育扶贫协调发展水平在时间和空间分布上都较为均匀，整体耦合协调度较高，地区差异较小而且不断降低，在整个武陵山片区属于较高水平的集聚。

从区域间协同发展角度而言，重庆片区除了不断完善自身教育扶贫的良性协调机制外，还应发挥其在空间关联性上的中心作用，向周边协调发展水平较低的地区扩散，带动邻近县（市、区）教育与减贫协调发展，建立区域间协同发展体系，最终实现武陵山片区各个县（市、区）平衡发展。

对五个正向促进教育扶贫协调水平的变量进行标准化后比较可知，2003～2015 年，和其他片区一样，重庆片区一方面经济指标不断上升，表现为财政收入和农村人均纯收入持续增加；另一方面教育指标中的小学数量大幅度减少，中等学校在校学生数量在 2003～2009 年持续上升，但 2009 年以后开始出现较明显的下降趋势，同时中等学校数量也有所减少（图 8-3）。

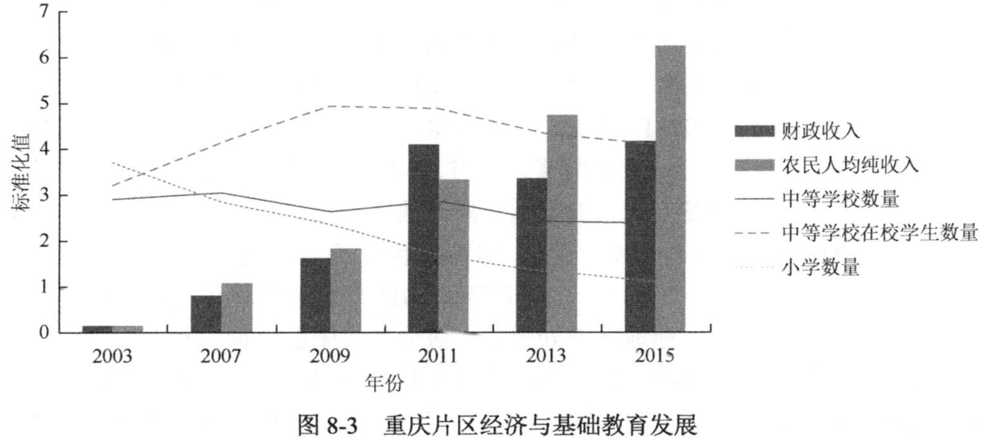

图 8-3　重庆片区经济与基础教育发展

基础教育对教育减贫协调发展的正向促进作用重点体现在中等教育。2003～2015 年，重庆片区中等教育的学校数量变化不大，学校总数减少了 24 所，从 2003 年的 209 所减少到 2015 年的 185 所。在校学生人数在 2003～2009 年稳步上升，由 212 255 人增加到 289 176 人；在校学生人数自 2009 年达到峰值后开始下降，到 2015 年降为 252 434 人。同时专任教师人数总体增加，由 2003 年的 10 755 人增加到 2015 年的 16 679 人，年均增速约为 3.72%。作为武陵山片区教育扶贫协调发展程度最高且最均衡的地区，重庆片区应持续发挥其标杆作用，加大财政投入，实现“两免一补”的全覆盖；同时加强中等职业教育，招生政策应向经济困难家庭子女倾斜，通过合理配置教育资源和技术技能型人才的培养，实现真正的“造血式”扶贫。

小学教育对教育扶贫协同发展的正向影响表现在小学数量。2003～2005 年，重庆片区小学数量变化很大，由 2003 年的 1659 所大幅度减少到 2015 年的 888 所，减少接近一半；同一时期的专任教师数量由 2003 年的 17 724 人增加到 2015 年的 20 111 人，增加约 13%；但是小学在校学生人数变化不大，由 2003 年的 356 671 人减少到 2015 年的 328 660 人，减少 7.9%。在全国适龄入学儿童总数不断下降的背景下，这一变化说明重庆片区的撤点并校并未对小学的正常入学率有明显的负面影响。

第四节　湖 北 片 区

一、湖北片区教育扶贫发展状况

从 2008 年、2012 年和 2015 年湖北片区 11 个县（市）教育发展与减贫的耦合程度来看，湖北片区整体上所有县（市）均已进入成熟时期（除 2015 年五峰县降为 0.7746，其他所有年度和地区的耦合度均大于 0.8）；从演变趋势来看，湖北片区整体的耦合度略有下降，而地区差异明显扩大（2008 年、2012 年、2015 年耦合度的均值分别为 0.9731、0.9635、0.9458，标准差分别为 0.0336、0.0345、0.0656），这一趋势表明湖北片区教育与减贫之间存在相当显著的相互作用关系，教育的发展对地区的减贫有极大的影响，同时地区的减贫不断推进也能有力地促进地区教育的发展；但这种影响有略微下降的趋势，而且地区间的差异越来越大。

从耦合协调度来看，2008 年、2012 年和 2015 年湖北片区除恩施市和利川市一直保持中度协调外，其他地区都处于基本协调甚至中度失调的状态，其中鹤峰县、五峰县、宣恩县在 2008～2015 年一直处于中度失调。处于中度失调的地区数量有所减少，从 2008 年的 5 个减少到 2012 年的 3 个。表明在湖北片区，教育发展与减贫还没有进入良性协调发展，虽然处于失调状态的地区有所减少，但多数地区仍未能充分发挥教育对扶贫攻坚的促进作用。

从历年的耦合协调度水平来看，湖北片区 2008 年、2012 年和 2015 年始终存在中度失调、基本协调、中度协调并存的局面。2015 年耦合协调度最低的五峰县（0.3119）和耦合协调度最高的恩施市（0.6608）两者相差 0.3489。表明湖北片区的 11 个县（市）在教育与减贫协调发展程度上始终处于三个不同发展阶段并存的状态，且不同阶段间的差距较明显。从耦合协调度的总体演变趋势来看，2008 年、2012 年和 2015 年的均值分别为 0.4337、0.4496、0.4393，标准差分别为 0.0783、0.0883、0.0959。说明湖北片区教育发展与减贫的协同效应基本没有变化，但是地区间差异却越来越大（表 8-4）。

表 8-4　湖北片区耦合度和耦合协调度分析

指标	2008 年		2012 年		2015 年	
	耦合度	耦合协调度	耦合度	耦合协调度	耦合度	耦合协调度
最小值	0.8906	0.3385	0.8780	0.3378	0.7746	0.3119
最大值	0.9995	0.5920	0.9967	0.6417	0.9992	0.6608
均值	0.9731	0.4337	0.9635	0.4496	0.9458	0.4393
标准差	0.0336	0.0783	0.0345	0.0883	0.0656	0.0959

湖北片区全部 11 县（市）中，教育与减贫能够协调发展，教育对地区减贫发挥了一定促进作用的仅有恩施市和利川市，2015 年实现中度协调（耦合协调度分别为 0.6608 和 0.5660），耦合度也相当成熟（耦合度为 0.9952 和 0.9307）。对湖北片区的教育减贫耦合协调度进行局域空间自相关分析可知，大多数地区位于 LL 象限。2015 年位于 LL 象限的有 7 个地区，占总数的 64%，分别是秭归县、长阳县、巴东县、宣恩县、鹤峰县、来凤县和五峰县。这 7 个地区教育与扶贫的耦合协调度较低（0.3119～0.4591），都处于中度失调到基本协调状态，在空间上体现为低水平的集聚，地区本身教育扶贫协调发展程度低，其周围地区同样不高。位于 HH 象限的唯有利川市，尽管其自身及与邻近地区协调发展水平均较高，但由于数量太少，未能全面带动湖北片区整体的教育与减贫协调发展。

二、湖北地区教育扶贫政策建议

在空间分布上，湖北片区协调发展水平较高的仅有恩施市和利川市两个地区，均属于恩施州，其他地区的协调水平都较低。而恩施州下辖 8 县（市）彼此的耦合协调度也有较大差异，除了恩施市和利川市处于较高水平外，其余 6 县都属于较低水平。为了有效利用区域间的空间关联性，应以耦合协调度最高的这两个地区为中心向四周扩散。此外，恩施州西侧紧邻重庆片区，后者正是整个武陵山片区教育与扶贫协调发展水平最高的地区。接壤重庆片区的咸丰县和来凤县还可以积极借助重庆片区的石柱县、彭水县、黔江区、酉阳县的辐射能力带动自身发展，因为这些地区不仅自身耦合协调度高，且大部分位于空间自相关的 HH 象限，对其邻近地区的协同带动能力也较强。湖北片区东侧的秭归县、长阳县和五峰县属于宜昌市管辖，这 3 个地区都处在局域空间自相关的 LL 象限，属于低水平的集聚；而且这些地区与湖北片区协调发展水平最高的恩施市与利川市的距离较远（超过 100km），最邻近的教育扶贫发展成熟并且协调程度高的地区是湖南片区的石门县，该县位于局域空间自相关的 HH 象限，对邻近地区的辐射能力较强，可以较好地发挥区域间的空间关联效应。

对显著影响教育扶贫协调水平的五个变量进行标准化后比较可知，2012～2015 年，湖北片区的经济指标不断上升，表现为财政收入和农民人均纯收入持续增加；教育指标与其他片区相比则相对比较稳定，小学数量略有减少，中等学校在校学生数量有微小下降，中等学校数量总体持平。总体而言，经济指标和教育指标的变化并不同步，经济指标的增加较快，而教育指标则相对稳定甚至略有下降（图 8-4）。

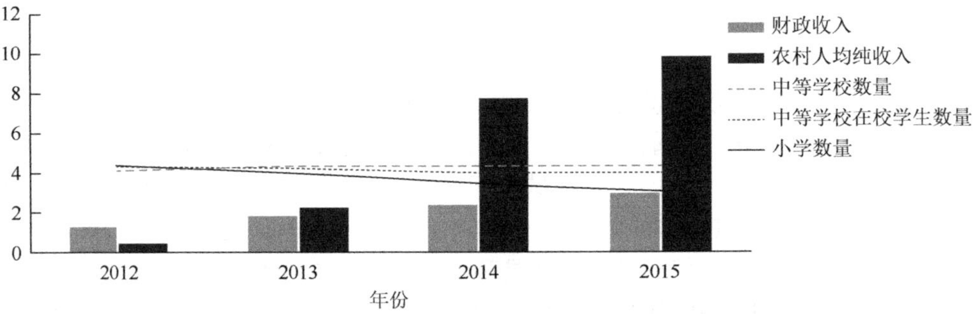

图 8-4　湖北片区经济与基础教育发展

湖北片区共有 3 所高等学校（湖北民族大学、湖北民族大学科技学院和恩施职业技术学院），均坐落于片区中心城市——恩施市。这些高等院校应当继续发挥积极引领作用，在人才培养、科技、智力以及信息支持等方面更好地为地方经济社会发展服务；同时加大对贫困地区的招生倾斜力度，使更多的家庭经济困难学生获得接受高等教育的机会，实现教育公平。

基础教育中对教育减贫协调发展影响最大的是中学教育，包括中等学校在校学生数量和中等学校数量。近年湖北片区中等学校在校学生数量略有减少，从

2012 年的 227 294 人减少到 2015 年的 212 513 人，减少 6.5%。中等学校数量基本保持不变，从 2013 年起稳定在 215 所。为了使教育减贫更好地协调发展，湖北片区应加大财政投入，实现“两免一补”的全覆盖；同时加强中等职业教育。实行向贫困子女倾斜的招生制度，通过“雨露计划”等资助方式，提高他们的自我发展能力，实现人口资源向人力资本的有效转变。

小学教育中影响教育减贫协同发展的是小学数量。2013～2015 年，湖北片区小学数量从 613 所减少到 566 所，减少约 8%；但在校学生数量增加了约 7%，从 271 509 人增加到 291 320 人，说明小学数量的减少对入学率没有明显的负面影响。

第五节　结　　论

本章主要从两个方面分析教育扶贫政策。首先从教育减贫耦合度和耦合协调度的角度分析武陵山四个片区教育发展与减贫之间的相互作用以及两者协调发展的程度，其次从空间自相关的角度分析如何利用教育减贫协调发展在空间上的关联性，建立区域间协同发展体系。

武陵山四个片区教育与减贫整体上存在显著的相互作用，但两者相互促进的作用未能充分发挥。在四个片区中，这种相互作用的强度和协同水平是存在差异的；而且即使在各片区内部也存在不同水平的地区差异和演变趋势。总体而言，重庆片区教育扶贫发展得最为成熟，无论是教育与减贫两者相互影响的强度还是协调发展水平，均是四个片区中最高的，而且地区差异最小；湖南片区在四个片区内部表现出最明显的地区差异，而且协调发展水平呈下降趋势；贵州片区教育与扶贫的相互作用不断强化，而且地区差异不断缩小；湖北片区正相反，相互作用弱化且地区差异扩大。

武陵山片区教育减贫协调发展在空间上有较强的关联性，形成的空间集聚主要体现为低水平的集聚。为了实现区域间的均衡发展，应有效利用空间上的关联性，以耦合协调度高的地区为中心带动周边地区。由于武陵山片区多数地区位于各省（直辖市）的交界地区，各片区不仅需要以本省（直辖市）教育减贫协调发展水平高的地区为中心，实现协同发展；还需要寻求打破行政区划的限制，积极寻求周边邻近省（直辖市）协调发展程度高的地区辐射力量，从低水平的集聚慢慢转向较高水平的集聚。

各个片区内部的集聚水平有较明显的差异。相对而言，重庆片区属于较高水平的聚集，不仅自身协调发展水平较高，而且可以带动周边地区共同发展；贵州片区协调发展水平高的地区分布较为均匀，以它们为中心可以带动其他耦合协调度水平较低的地区发展；湖南片区内部则存在明显的东西差异，片区东部地区集聚水平较高，而片区西部则属典型的低水平集聚，为实现整体协调发展，不仅需要利用片区内部的空间关联性，还需要寻求与地理距离上更加接近的重庆片区、贵州片区的协同发展；湖北片区协调水平高的地区极少，需要积极借助邻近省（直辖市）的空间关联作用。

提升教育减贫的协调发展水平需要从经济和基础教育两个方面入手。在经济方面，应重点关注财政收入和农村人均纯收入；在基础教育方面，中等学校在校学生数量、中等学校数量、小学数量对教育减贫协调有显著的正向影响，其中尤其以中等教育为主。然而对比经济和教育发展的历史数据可见，武陵山片区整体上经济与教育的发展并不平衡，总体表现为经济指标持续显著增长，而教育指标则表现为小幅度增加、持平或大幅度减少。为了进一步提高教育减贫的协同发展，应发挥高等院校的积极引领作用，重点关注中等教育水平的提升，同时兼顾小学教育的全民性覆盖。

参 考 文 献

曹晓晶. 2017. 高校精准资助新模式——精准扶贫背景下的高校学生资助工作[J]. 运城学院学报，(5)：90-92

车向清. 2017. 贫困大学生就业难的原因分析及对策研究——基于经济与精神双重贫困的视角[J]. 中国大学生就业，(12)：56-60

陈爱雪，刘艳. 2017. 层次分析法的我国精准扶贫实施绩效评价研究[J]. 华侨大学学报，(1)：116-129

陈立鹏，马挺，羌洲. 2017. 我国民族地区教育扶贫的主要模式、存在问题与对策建议——以内蒙古、广西为例[J]. 民族教育研究，(6)：35-41

陈立中. 2008. 贫困测度方法与反贫困目标瞄准——以 F_α 系列贫困指数为例[J]. 经济问题，(2)：4-6

陈琦. 2012. 连片特困地区农村贫困的多维测量及政策意涵——以武陵山片区为例[J]. 四川师范大学学报：社会科学版，39（3）：58-63

陈小丽. 2015. 基于多层次分析法的湖北民族地区扶贫绩效评价[J]. 中南民族大学学报，35（3）：76-80

迟瑶，王艳慧. 2016. 武陵山片区扶贫重点县农村基本公共服务均衡化差异分析[J]. 地球信息科学学报，18（3）：298-306

丁建军. 2014. 连片特困区农村专业化发展的多维减贫效应研究——以保靖县黄金村为例[J]. 湘潭大学学报（哲学社会科学版），38（5）：54-59

豆小文. 2014. 职业教育扶贫的几点思考[J]. 成人教育，(7)：58-59

段志雁，魏景柱，杨金保. 2011. 高校奖助学金发放存在的问题及对策[J]. 学校党建与思想教育，(7)：82-83

范平花. 2017. 贫困减缓与教育发展：一个参与式治理的精准扶贫视角[J]. 贵州财经大学学报，(4)：102-130

付剑茹，陈绵水，张伟. 2014. 新国家助学金政策实施绩效及其影响因素的实证分析[J]. 江西财经大学学报，(3)：120-129

傅佑全. 2016. 教育扶贫是实施精准扶贫国家战略的根本保障[J]. 内江师范学院学报，(5)：80-83

郭辉，王艳慧，钱乐毅. 2015. 重庆市黔江区贫困村多维测算模型的构建与应用[J]. 中国科技论文，10（3）：331-335

郭晓娜. 2017. 教育阻隔代际贫困传递的价值和机制研究——基于可行能力理论的分析框架[J]. 西南民族大学学报（人文社会科学版），(3)：6-10

何家理，查芳，陈绪敖. 2015. 人力资本理论教育扶贫效果实证分析——基于陕西 7 地市 18 个贫困县教育扶贫效果调查[J]. 唐都学刊，(3)：125-128

何丕洁. 2015. 对职业教育精准扶贫问题的思考[J]. 教育与职业，(3)：5-7

侯卉，王娜，王丹青. 2012. 中国城镇多维贫困的测度[J]. 城市发展研究，19（12）：123-128
胡元林，郑大俊. 2015. 论国家奖助学金的育人功能[J]. 江苏高教，（5）：146-148
黄敬宝. 2004. 从根本上解决农村贫困问题——以人力资本投资打破我国农村贫困的恶性循环怪圈[J]. 财经问题研究，（5）：93-96
黄莉. 2017. 高校奖助学金操作风险分析与防范对策——以广西高校为例[J]. 教育评论，（1）：35-39
康亮. 2017. 十一五以来我国五大扶贫模式的效果评价及其对策建议研究——以江西省为例[D]. 华东交通大学硕士学位论文
李飞，唐丽霞，于乐荣. 2013. 走出多维贫困研究的"内卷化"与"学徒陷阱"——文献述评的视角[J]. 中国农业大学学报（社会科学版），30（3）：147-153
李锋，孙霄. 2017. 职业教育在精准扶贫中存在的问题及对策研究[J]. 时代金融，（32）：298-299
李慧勤. 2004. 高校学生付费能力研究—以云南省为例[J]. 教育与经济，（6）：11-16
李梁，张海勇，徐池. 2014. 基于 Kriging 法的海上短波通信可用频率插值方法研究[J]. 微波学报，30（1）：85-89
李梦鸽. 2016. 浅析贫困的代际传递与教育扶贫[J]. 新西部（理论版），（12）：117-118
李鹏，朱成晨，朱德全. 2017. 职业教育精准扶贫：作用机理与实践反思[J]. 教育与经济，（6）：76-82
李文静，帅传敏，帅竞，等. 2016. 基于资产指数的联合国 IFAD 农村扶贫项目精准脱贫效果评价[J]. 中国软科学，（7）：66-77
李兴洲. 2017. 公平正义：教育扶贫的价值追求[J]. 教育研究（3）：31-37
李雪萍，王蒙. 2014. 多维贫困"行动—结构"分析框架下的生计脆弱——基于武陵山区的实证调查与理论分析[J]. 华中师范大学学报（人文社会科学版），53（5）：1-9
李有发. 2006. 教育扶贫的现实依据及其对策[J]. 哈尔滨市委党校学报，（2）：14-16
李中国，黎兴成. 2017. 职业教育扶贫机制优化研究[J]. 国家教育行政学院学报，（12）：88-94
联合国教科文组织. 2014. 教学与学习——全民教育全球监测报告[M]. 北京：教育科学出版社，144
林乘东. 1997. 教育扶贫论[J]. 民族研究，（3）：43-52
刘军豪，许锋华. 2016. 教育扶贫：从"扶教育之贫"到"依靠教育扶贫"[J]. 中国人民大学教育学刊.（2）：44-53
刘林. 2016. 边境连片特困区多维贫困测算与空间分布——以新疆南疆三地州为例[J]. 统计与信息论坛，31（1）：106-112
卢品慕. 1998. 教育扶贫：扶贫攻坚的有效途径[J]. 桂海论丛，（5）：85-86
毛婧瑶，葛咏. 2016. 武陵山贫困片区扶贫成效评价与空间格局分析[J]. 地球信息科学学报，18（3）：334-342
曲绍卫，汪英晖. 2017. 高校大学生资助政策成效、问题及精准资助建议[J]. 当代教育科学，（3）：89-92
任友群，郑旭东，冯仰存. 2017. 教育信息化：推进贫困县域教育精准扶贫的一种有效途径[J]. 中国远程教育，（5）：51-56
孙华. 2013. 关于我国民族地区教育扶贫攻坚的梯度思考[J]. 黑龙江民族丛刊（双月刊），（3）：174-178

谭银清，王志章，陈益芳. 2015. 武陵山区多维贫困的测量、分解及政策蕴含[J]. 吉首大学学报（社会科学版），36（1）：44-49
滕春燕，肖静. 2017. 职业教育精准扶贫的现实要义、原则及发展指向[J]. 教育与职业，（23）：36-43
田伟. 2014. 连片特困区乡村多维贫困综合治理研究——以湘西州永顺县高坪乡为例[J]. 经济研究导刊，（12）：31-33
王锋，侯长林. 2017. 职业教育精准扶贫开发模式的构建与选择——以贵州省为例[J]. 中国成人教育，（10）：103-105.
王嘉毅，封清云，张金. 2016. 教育与精准扶贫精准脱贫[J]. 教育研究，37（7）：12-21
王小林，Sabina Alkire. 2009. 中国多维贫困测量：估计和政策含义[J]. 中国农村经济，（12）：4-10.
王晓东，王宇飞，沈维刚. 2014. 贫困山区教育扶贫路径探析[J]. 国家林业局管理干部学院学报，（1）：36-39
王玉蕾，胡娟. 2017. 英国大学生资助政策效果研究：焦点、问题与启示[J]. 复旦教育论坛，（7）：92-99
翁伟斌. 2017. 职业教育扶贫：政府履行发展职业教育职责的重要使命[J]. 教育理论与实践，（15）：21-24
吴安辉. 2013. 大学生国家奖助学金评选发放中的畸态及其矫正[J]. 中国青年究，（4）：84-87
向延平，陈友莲. 2016. 教育精准扶贫绩效评价研究：以湖南省为例[J]. 中州大学学报，33（5）：112-114
谢君君. 2012. 教育扶贫研究述评[J]. 复旦教育论坛，（3）：66-71
谢勇，李放. 2008. 贫困代际间传递的实证研究——以南京市为例[J]. 贵州财经学院学报，（1）：94-97
许锋华. 2016. 精准扶贫：民族地区职业教育发展的新定位[J]. 高等教育研究，（11）：64-69
羊森，胡元林. 2011. 国家奖助学金群体感恩教育的诠释学解读[J]. 现代教育科学，（11）：25-27
叶初升，王红霞. 2010. 多维贫困及其度量研究的最新进展：问题与方法[J]. 湖北经济学院学报，8（6）：5-11
袁利平，万江文. 2017. 我国教育扶贫研究热点的主题构成与前沿趋势[J]. 国家教育行政学院学报，（5）：58-65
查方勇. 2015. 我国高校国家奖助学金资助管理绩效评价研究[J]. 教育评论，（8）：41-44
曾小兰，朱媛. 2017. 职业教育精准扶贫的定位、模式及推进策略[J]. 教育与职业，（19）：5-11
张立冬. 2013. 中国农村贫困代际传递实证研[J]. 中国人口资源与环境，23（6）：45-50
张琦，陈伟伟. 2015. 连片特困地区扶贫开发成效多维动态评价分析研究——基于灰色关联分析法角度[J]. 云南民族大学学报，32（1）：136-142
张琦，史志乐. 2017. 我国教育扶贫政策创新及实践研究[J]. 贵州社会科学，（4）：154-160
张全红，周强，蒋赟. 2014. 中国省份多维贫困的动态测度——以中国健康与营养调查中的 9 省为例[J]. 贵州财经大学学报，（1）：98-105
张翔. 2016. 教育扶贫对象精准识别机制探究[J]. 教育探索，（12）：94-96
张治荣. 2016. 阻断贫困代际传递：教育事业新使命——兼议十八大以来教育理论创新对教育政策实践的导向价值[J]. 宁夏师范学院学报，（5）：119-124

周学桃. 2002. 谈少数民族贫困地区教育扶贫与教师队伍建设[J]. 民族教育研究，（3）65-68
周毅. 2011. 民族教育扶贫与可持续发展研究[J]. 民族教育研究，（2）：102-106
朱爱国. 2016. 基于精准视阈的职业教育扶贫策略探究. 新课程研究（中旬刊），（1）：4-7
朱大锋. 2010. 导向和激励：国家奖助学金制度的思想政治教育功能[J]. 河南社会科学，（9）：191-193
朱鸿飞. 2012. 高校落实国家奖助学金政策中存在的问题及对策[J]. 学校党建与思想教育，（10）：57-58
朱文珍，曾志艳，陈绵水. 高校奖助学金政策学生满意度影响因素研究[J]. 心理学探新，2013（12）：559-675
邹薇，方迎风. 2011. 关于中国贫困的动态多维度研究[J]. 中国人口科学，（6）：49-59，111
Clive H. 2002. Education，Democracy and Poverty Reduction in Africa[J]. Comparative Education，（3）：267-276
Cremin P. 2012. Education，development and poverty reduction：A literature critique[J]. International Journal of Educational Development，（4）：499-506
Gounder R，Xing Z. 2012. Impact of education and health on poverty reduction：Monetary and non-monetary evidence from Fiji[J]. Economic Modelling，（3）：787-794
Grimma M. 2005. Educational policies and poverty reduction in cote d'Ivoire[J]. Journal of Policy Modeling，（2）：231-247
Jiao T，Wang Z. 2014. A Study of Education Poverty Reduction Mode Under Inclusive Development Strategy in Wuling Mountain Area[J]. Studies in Sociology of Science，（3）：71-78
Johnstone. D. Bruce. 1986. Sharing the Costs of Higher Education：Student Financial Assistance in the United Kingdom，the Federal Republic of Germany，France，Sweden，and the United States[M]. New York：the College Board
Mihai M，Titan E，Manea D. 2015. Education and Poverty[J]. Procedia Economics and Finance，32（2）：855-860
Sanz R，Peris J A，Escámez J. 2017. Higher education in the fight against poverty from the capabilities approach：The case of Spain[J]. Journal of Innovation and Knowledge，（3）：53-66
United Nations. 2016. Goal 1：End Poverty in all its Forms Everywhere[EB/OL]. http：//www.un.org/sustainabledevelopment/poverty/[2018-5-5]
Unterhalter E，North A. 2017. Education，Poverty and Global Goals for Gender Equality：How people make policy happen[M]. London：Taylor and Francis：224-228
Wedgwoo R. 2006. Education and poverty reduction in Tanzania[J]. International Journal of Educational Development，（10）：383-396

彩　　图

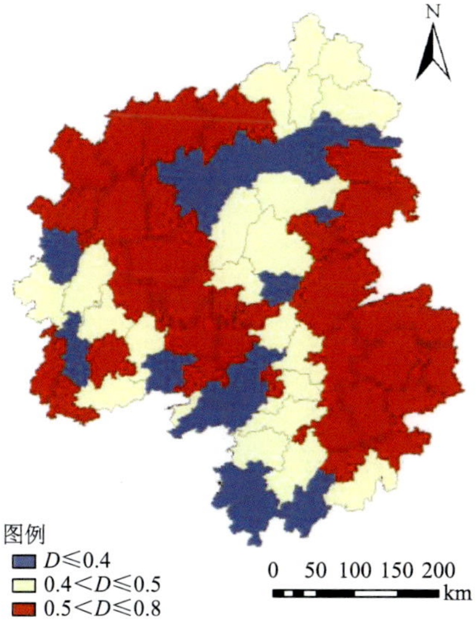

(a) 2008年

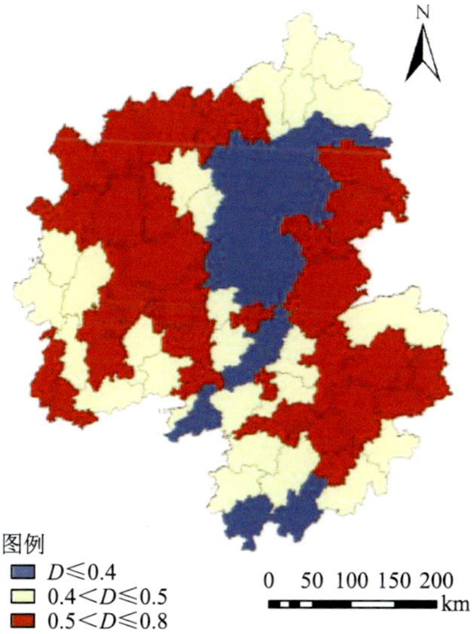

(b) 2012年

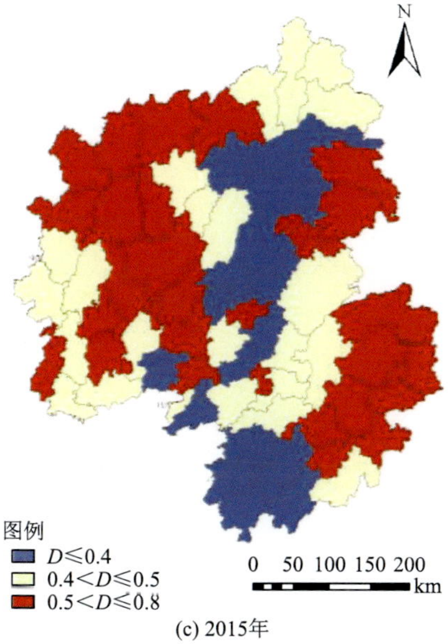

(c) 2015年

图 6-1　武陵山片区教育减贫耦合协调度测算

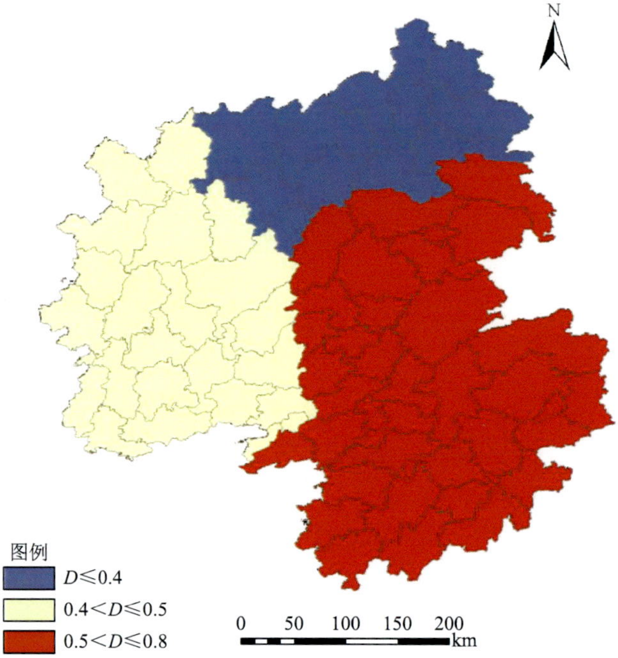

图 6-2　各片区教育减贫耦合协调度测算

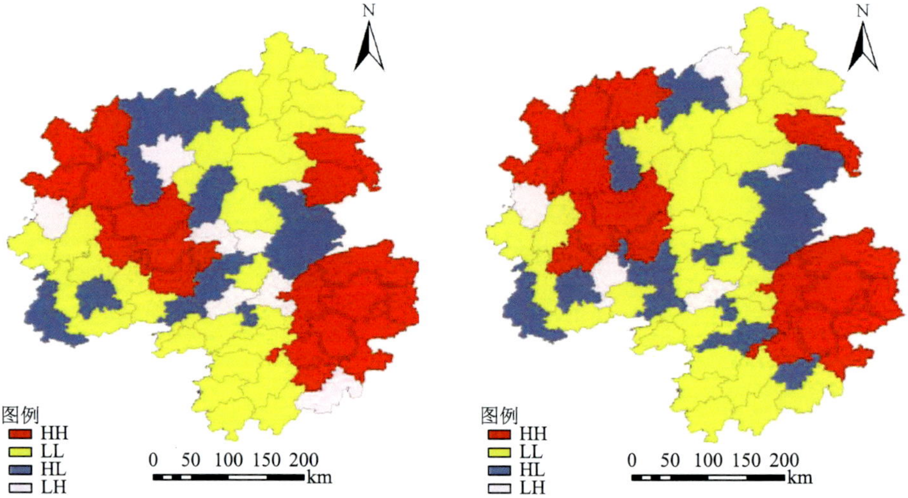

(a) 2008年

(b) 2012年

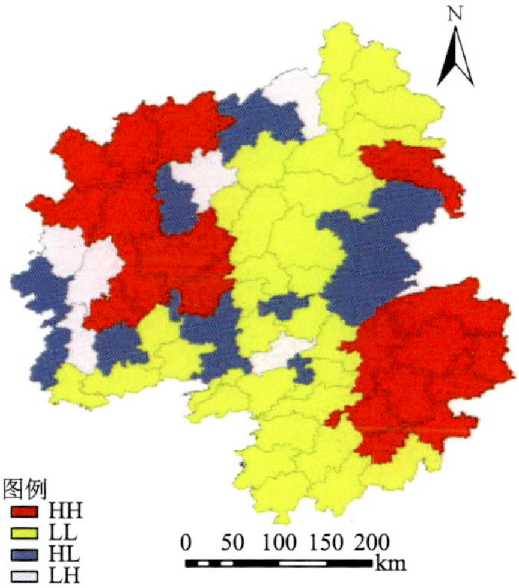

(c) 2015年

图 7-2　武陵山片区教育减贫耦合协调度局域自相关分布